LETTRES

DE DEUX AMANS,

HABITANS DE LYON.

LETTRES

DE DEUX AMANS,

HABITANS DE LYON;

Publiées par M. LÉONARD.

NOUVELLE ÉDITION.

TOME PREMIER.

Sanè ubì idem & maximus & honeſtiſſimus amor eſt, aliquantò præſtat morte jungi, quàm vitâ diſtrahi.

Val. max. lib. IV.

A LONDRES,

Et ſe trouve à PARIS,

Chez DESENNE, Libraire, au Palais Royal,
Paſſage de Richelieu.

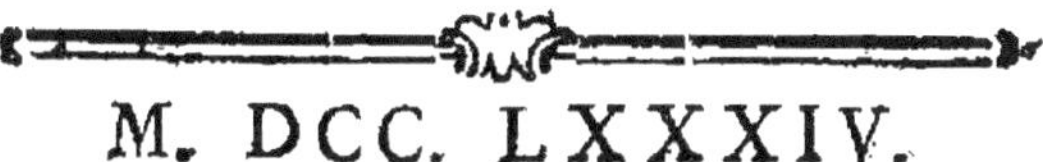

M. DCC. LXXXIV.

LETTRES
DE DEUX AMANS,
HABITANS DE LYON.

LETTRE I.

THÉRÈSE DE SAINT-CYRAN à CONSTANCE D'ARMIANE.

QUEL départ, mon amie ! quel fâcheux voyage ! les heures ne finiſſent pas ! Je n'ai jamais vu de ſi longues journées. Il me ſemble que je vais au bout du monde. Je regardois cette voiture qui

Tome I.   A

rouloit, & je difois : elle fe
donne bien du mouvement pour
m'affliger ! Si j'étois feule , je
m'en irois pleurant, & ne voyant
rien autour de moi : j'arriverois à
Lyon pleine de ton image, &
comme fi je venois de te quitter....
Enfin il faut fe foumettre à tout.
Je vais retrouver une bonne maman ; je m'arrangerai pour être
contente ; & fi je puis oublier....
paix ; foyons fage ; ne touchons
point cet article , & le refte
viendra. Je ne fais quelle langueur
m'accable ; j'ai peine à tracer
quelques mots de fuite. Charmante coufine ! eft-ce que tu
me ferois moins chere ? Non ;
mais j'ai le cœur trifte, en vérité !
Le temps eft déplorable : la neige

couvre les chemins & le froid m'a transie. Me voilà dans l'auberge, au coin du feu, une plume à la main ; je doute si tu pourras me lire ; car l'encre, le papier, la plume, la main, la tête, le cœur, tout cela ne vaut rien. Mon pere a dormi pendant la route ; Mademoiselle Deschamps tenoit un livre, & moi je ne cessois de rêver : j'avois toujours devant moi la maison de ma chere tante ; je disois adieu à ma chambre, au jardin, à notre arbre favori. Hélas ! ils ne me sont plus rien. Ce n'est point Paris que je regrette assurément : mais nos entretiens, nos jeux, nos promenades, le plaisir d'être ensemble, & les délices d'une confiance

réciproque, & l'ineſtimable douceur de penſer de même, quand
je ferois le tour de la terre, je ne
les trouverois plus. Que veulent
dire ces regrets ſi violens, & tant
de larmes verſées ? Je me ſuis
quelquefois ſéparée de ma couſine, & je n'avois pas encore
éprouvé cet affreux abandon qui
me jette comme dans un déſert !
C'eſt un délaiſſement univerſel !...
je n'oſe achever ; je crains de
nommer celui qui cauſe tout ce
déſordre ; je ne ſuis pas raiſon-
nable ; je m'en veux de conſerver
ſon ſouvenir : mais je ne ſaurois
m'en arracher. Maintenant que je
le fuis, il m'eſt plus préſent que
jamais. Mon cœur eſt comme une
mer orageuſe. Écris - moi bien

vîte ! j'ai grand befoin de confolation. Nous ferons dans trois
jours à Lyon ; ce voyage me fatigue : puifqu'il faut m'éloigner
de toi, je voudrois en être encore
plus loin.

P. S. J'aurai foin de ta fauvette.
Te fouviens-tu comme on la ca-
reffoit, quand tu dis à quelqu'un
que tu me la deftinois? Si on te
parle de moi, tu feras mes.....
quoi? mes complimens? Où cela
mene-t-il? N'a-t-on pas reçu mes
adieux? c'eft une chofe finie. Quel
hafard peut déformais nous rapprocher? Ah ! qu'il foit heureux !
c'eft le vœu que je ferai toujours
pour lui.

LETTRE II.

A la même.

QUE tes attentions font aimables !
A mon arrivée, me faire trouver
une lettre, c'eft me fervir felon
mes vœux : elle ne contient que
des tendreffes, & pourtant je fuis
toute éplorée, comme fi elle m'annonçoit de mauvaifes nouvelles :
il y a des paffages auxquels je n'ai
pu réfifter. On a donc paru bien
affligé de mon départ ! Tu as vu
des yeux humides, méchante ! &
tu me dis tout cela ; & puis, comme fi tu ne m'avois rien dit, t*
voudrois me voir tranquille : t
me preffes d'étouffer un penchant
malheureux : tu me parles avec

une raison qui me défole. Oui,
ma belle coufine ; je penfois tout
ce que vous m'avez écrit. M. le
Comte de Saint-Cyran, le plus
fier de tous les hommes, adopter
cet étranger pour gendre ! ce
feroit une merveille : il faudroit,
pour qu'elle arrivât, un concours
d'événemens inefpérable. Il eft
vrai que M. Faldoni eft allié aux
premieres familles de Livourne,
& que la naiffance répare en lui
les torts de la fortune : mais ces
confidérations qui me touchent,
feroient vaines pour mon pere.
D'ailleurs, fonge-t-on à moi ? me
reverra-t-on jamais ? voilà de puif-
fans motifs pour ne pas faire une
folie. Mais que veux-tu ? j'ai le
cœur frappé : il n'y a plus pour

moi de repos, plus de joie, plus d'amufemens. Il me prend des fantaifies d'être filencieufe pendant des jours entiers. Je n'aime point les gens qui me montrent un vifage gai ; ils me donnent de l'humeur. Je ne me foucie point d'être divertie ; les diftractions me déplaifent. J'ai déja monté, nombre de fois, les dégrés du logis, pour aller à ton appartement, & quand je reviens de ma méprife, la douleur m'accable. Je ne me retrouve nulle part ; je crois arriver d'un autre monde. O maifon de mes peres ! pourquoi vous ai-je quittée ! c'eft ce que je me dis fouvent. Il faut, Conftance, que je te faffe un aveu, & quand je l'aurai fait, je ferai foulagée d'un grand fardeau. Je n'ose me flatter qu'on se souvienne toujours de moi : tout va se réunir pour me faire oublier : l'assurance de n'être jamais l'un à l'autre, & de ne nous plus revoir, doit détacher de ta pauvre amie l'objet qui l'occupe : mais si je le voyois, s'il paroissoit devant moi, s'il étoit là, ô cousine ! je crois que j'en mourrois de joie. Conçois-tu l'excès de ce délire ? Enfin, voilà qui est dit ; je ne t'en parlerai plus ; je suis confuse de t'en avoir parlé ; je ne veux pas même relire ma lettre ; je la brûlerois sûrement, & je serai bien aise que tu saches jusqu'où va pour toi ma confiance.

LETTRE III.

A la même.

J'ARRIVE de la comédie ; toute la ville s'y trouvoit , & je me croyois seule. On jouoit le Devin de village. Tu te souviens d'une certaine promenade dans le parc de Marly , où nous avons chanté ces mêmes airs. Avec qui étois-je alors , bon dieu ! Comme tout change ! Cette idée m'a occupée pendant toute la piece, & je pleurois. Ma mere m'a demandé si j'étois folle. Tu sais que quand on veut retenir ses larmes, on en verse davantage ; c'est ce qui m'arriva. Je fus obligée de quitter le spectacle. Eh ! qu'allois-je y faire ? Moi que tout ennuie ! moi qui ne refpire que la retraite ! Il y a des momens où je voudrois renoncer à toute la nature. Mais tant de chaînes me retiennent ! Une mere adorée, une amie rare, unique, & cet autre, hélas ! ce tyran.... comment l'appellerai-je ? Il me caufe bien des peines ! immobile au milieu du tourbillon qui m'environne, je rêve quand on me parle ; je réponds quand on ne me dit rien ; j'ai dans la tête un vague de penfées où mon ame flotte continuellement fans fe fixer : tout-à-coup un fouvenir me frappe ; mon cœur fe refferre ; mon efprit fe trouble, & de profonds foupirs font foulever ma poitrine. Quelle pitié de ne pas

favoir fe contraindre ! Je meurs
de peur qu'on ne me devine ! J'ai
prefque achevé ton fac à ouvrage;
il fera vraiment d'après nature :
j'y ai mis quelques rofes , beaucoup d'épines , & de ces petites
fleurs qu'on nomme amourettes ;
rien n'eft plus joli en peinture : il
faut le venir chercher , coufine !
Je te le garde , & tu ne l'auras
qu'ici.

LETTRE IV.

A la même.

PAR où commencer ma lettre ! Comment m'exprimer ! Comment suffire à la foule des sentimens qui m'entraînent ! Ah ! mon amie ! l'ennemi de mon repos est auprès de moi ! On l'a vu ; il habite la même ville ; mon asyle lui est connu. Quand il étoit loin, je le désirois ; maintenant je voudrois l'éloigner ; c'est un flux de pensées contraires, un cahos d'irrésolutions qui m'empêche de respirer... Mais que cherche-t-il à Lyon ? Y seroit-il venu pour moi ? Qu'en dis-tu ? Ce seroit annoncer un projet bien décidé de me pour-

suivre ; j'en ai une frayeur mortelle. Qu'il seroit fier de son
triomphe s'il voyoit tous les pas,
tous les mouvemens qu'il me fait
faire ! Je n'ai point quitté aujour-
d'hui l'appartement de ma mere,
dont les fenêtres sont placées sur
la rue. Assise auprés d'une croisée,
& mon ouvrage à la main, je jet-
tois souvent les yeux sur cette rue
qui me sembloit déserte. Chaque
personne qu'on annonçoit me fai-
soit tressaillir. Je croyois toujours
l'entendre nommer ; je ne réflé-
chissois point qu'il est inconnu à
mes parens, & quand je suis ren-
trée dans ma chambre, j'étois
aussi fatiguée que si j'avois fait un
long voyage ; j'emportois un poids
énorme, & c'est ainsi que je traîne

le temps. Hier j'avois pris ma harpe ; les bras me font tombés au milieu d'une piece. Si cela continue, je vais être décidément malheureufe ! Que de combats à foutenir avec moi-même ! Que de nuits cruelles j'ai déja paffées ! Qu'il eft affreux de voir ainfi fes principes en contradiction avec la nature ! Mais quand on ne peut changer les loix, il faut les fuivre.

LETTRE V.

A la même.

Tu connois le Curé qui m'a élevée : il est venu ce matin. Figures-toi ton amie, à la toilette de sa mere, tenant un livre qu'elle lisoit à demi-voix.... Tout-à-coup la porte du cabinet s'ouvre ; je vois entrer le Curé avec un jeune homme.... Oh ! non, cousine, je ne l'ai point vu ; me voilà levée ; je jette mon livre sur le fauteuil ; je fais une révérence assez gauche, & je sors, & je me sauve dans ma chambre. Ma gouvernante arrive ; on m'appelle ; il faut la suivre. Je me suis regardée dans une glace, & j'ai dit que je n'irois point, que j'étois incommodée, & tout en parlant, je m'arrangeois, je me dérangeois, & je me trouvois plus mal qu'auparavant. Deschamps m'obfervoit ; irez-vous, difoit-elle ; n'irez-vous pas ? Si vous refufez de paroître, on ne faura qu'imaginer ; on vient de vous voir, & vous n'étiez point malade. Elle m'a pris le bras ; je lui ai dit de me foutenir ; en effet, mes jambes étoient tremblantes : elle m'a conduite jufqu'à la porte ; je fuis entrée fans rien diftinguer ; j'avois un rideau fur les yeux : j'ai falué & j'ai pris un fiège auprès de ma mere. M. le Curé m'a préfenté fon ami : tu me demanderas comment il connoît M. Faldoni ? (car

c'étoit lui-même.) Un voyage
qu'il fit en Italie lui donna l'oc-
casion de voir ce dernier, quand
il étoit encore dans sa patrie.
Madame de Saint-Cyran a ques-
tionné M. Faldoni sur ses amuse-
mens, avec cet air de confiance
qui sollicite la nôtre. Dans cet
intervalle, j'avois commencé à
me remettre, & je me sentois un
peu de force. Il a dit quelques
mots sur son séjour à Paris. Juge
de ma situation ! Je me suis figurée
qu'on m'observoit ; j'ai rougi ; j'ai
pâli ; je me suis levée ; j'ai été
chercher mon sac ; j'ai cru me
sauver par le mouvement, & mon
embarras a redoublé. J'ai pris une
broderie, & je me suis mise à
l'ouvrage. Il s'est approché de

moi, & pendant que M. le Curé parloit à ma mere, il s'est penché pour me voir travailler : il m'a demandé doucement si je me souvenois d'un homme que je rendois bien malheureux : je n'ai rien répondu : il s'est éloigné tristement, en me jettant un regard qui peignoit toute son ame. Cette visite a trop duré, en vérité ; j'étois au supplice, & j'avois besoin de respirer. J'ignore quand il est parti ; je l'ai suivi des yeux machinalement, sans trop savoir ce qui se passoit autour de moi ; je le croyois même encore présent quand il étoit déja loin. Je suis tombée dans une rêverie profonde, & ma mere heureusement m'a laissée libre. Il est donc mal-

heureux, me difois-je! Et je fentois mes larmes prêtes à couler.
Au milieu de ces réflexions, tout
m'a paru changé; j'ai cru renaître;
il m'a femblé que ce cabinet étoit
rempli de fa préfence, & qu'il
avoit laiffé par-tout le charme qui
l'environne. Je me trouvois plus
gaie, plus contente; enfin depuis
long-temps je n'avois goûté un
plaifir auffi pur. Maintenant, mon
amie, foyez mon juge, & dites-
moi fi je n'ai point trop laiffé voir
le fentiment qui me poffede. Ah!
je le crains bien! Autrement,
eût-il ofé, dès fa premiere vifite,
hafarder le langage qu'il m'a tenu?
N'étoit-ce point, de fa part, un
aveu pour le moins indifcret? Je
ne fuis fatisfaite ni de lui, ni de

moi : j'ai beau vouloir mettre une
garde à mes yeux, à ma bouche,
à mon cœur. Que faire, hélas,
près de l'enchanteur ! ô coufine !
Je fuis une bien foible créature !
Votre lettre m'eft parvenue, fans
accident, fous la garde de l'amitié : je faifois les honneurs d'un
bal au logis, quand on me l'ap-
porta, & je me fauvai de la foule
pour la lire. Je me livre maintenant à toute la diffipation de la
faifon : ce font des bals & des
repas continuels. Je faute, je m'a-
gite : quand j'ai beaucoup danfé,
je fuis moins tourmentée de mes
idées : j'ai l'air de prendre du
plaifir : mais en eft-il, quand le
cœur n'eft pas content ?

LETTRE IV.

A la même.

O mon amie ! qu'un penchant comme le mien peut mener loin une ame tendre & confiante ! Il eſt bien tard de m'en appercevoir : mais avois-je donné le droit de me tromper ? J'aſſiſtois à un concert où M. Faldoni ſe trouvoit : j'avois témoigné l'envie d'avoir une romance nouvelle , & il s'étoit offert de me la procurer. Il m'aborda au moment où j'étois loin de ma mere , & profitant de la confuſion de cette bruyante aſſemblée , il me préſenta la romance qu'il m'avoit promiſe : je la reçus & je l'ouvris : en y voyant

un billet fermé , je rougis de
honte & de surprife , & j'allois
lui rendre fes papiers : mais il
avoit difparu. J'éprouvai des
mouvemens d'indignation contre
le perfide qui m'avoit tendu ce
piege. Je preffentois que le deftin
de ma vie étoit tracé dans ce fatal
écrit. En rentrant au logis , mon
premier deffein fut de me jetter
aux pieds de ma mere , & de lui
remettre le billet fermé. J'arrivai
jufqu'à la porte de fon appartement , & je n'eus pas le courage
d'y entrer. J'allai me renfermer ;
je jettai le billet fur une table ,
& je demeurai long-temps affife ,
immobile , les yeux fixés fur ce
papier que je craignois d'ouvrir.
Je me repréfentois que le garder

ce feroit approuver ce qu'il con-
tenoit, & autorifer une nouvelle
audace : mais comment réfifter
à la tentation de connoître des
fentimens qui nous flattent ! Je
voulois d'abord rendre le papier
fans l'ouvrir ; mais c'étoit mar-
quer un mépris qu'on ne méritoit
pas : je réfolus enfin de l'ouvrir
& de le rendre après l'avoir lu.
Ce parti auquel je m'arrêtai, parut
fatisfaire mon penchant & mon
devoir, comme fi l'on pouvoit
marchander avec la vertu, & qu'il
y eût des tempéramens entr'elle
& les paffions ! Cependant quand
je repris la lettre, ma main trem-
bla, & il me fut impoffible de
me réfoudre : deux jours fe paf-
ferent : M. Faldoni vint à la
maifon :

figurez-vous une criminelle devant ses juges, & vous n'aurez
qu'une foible image de mon état.
La rougeur de mon front, ma
confusion, mes yeux baissés, mon
embarras, mon trouble à son
approche, annonçoient assez mon
agitation secrete. Il s'assit à mon
côté, & je crus voir qu'il étoit
aussi troublé que moi. Il me demanda, à demi-voix, si la romance m'avoit plu; je ne répondis
point; votre silence, ajouta-t-il,
m'apprend ce que vous pensez
d'une ruse innocente dont je me
suis servi, pour vous avouer des
sentimens que je ne pouvois plus
contraindre. Il est vrai, lui dis-je,
que toute ruse est indigne d'un
galant homme; mais je n'ai point

Tome I.   B

imaginé que c'en fût une ; j'ai
fuppofé , Monfieur , que vous
vous étiez mépris ; ce n'eft pas
à moi fans doute que vous aviez
deffein d'écrire : je ne crois pas
du moins vous avoir donné lieu
de prendre une liberté fi étrange.
Je vous déclare , au furplus , que
je n'ai point lu votre billet , &
qu'il vous fera rendu dès que j'en
trouverai l'occafion. Il demeura
confterné ; je m'éloignai fans attendre fa juftification ; on fe mit
au jeu , & il lui fut impoffible de
faifir un autre moment pour me
parler. Pendant ma partie , j'avois
fouvent les yeux fur lui , & le
voyant changer de couleur , je
commençai à m'alarmer : toute la
foirée , je fus au fupplice ; je ne

foupai point ; je paffai la nuit à gémir de la violence que je m'é-tois faite : enfin la fievre dont je fus faifie, me réduifit au point que dans un moment d'accès, je n'eus d'autre foulagement que d'ouvrir le fatal billet, & d'en repaître mes yeux : je le relus dix fois, & dix fois je le baignai de mes larmes. Vois, mon amie ! vois ce qu'on m'écrit, & dis fi l'on peut être plus tendre, plus réfervé, plus digne de mon eftime.

LETTRE VII.

FALDONI à THÉRESE.

Est-ce bien à vous que j'ose écrire! Quel est mon projet? Quel fol espoir m'abuse? O Mademoiselle! faites grace à mon imprudence! Ayez pitié de mon égarement! Je ne sais ce que je veux; je ne me reconnois plus; tout ce que j'apperçois dans le boulleversement de mes sens, c'est que je suis emporté vers vous par une force à laquelle je ne puis résister. Ne croyez pas que cet amour soit volontaire, & que je me plaise à le nourrir. Ah! si je pouvois vous fuir! j'irois au bout de l'univers; j'habiterois des lieux où je serois

sûr de ne pas même entendre
prononcer votre nom : mais je
me laisse entraîner ; je ne rai-
sonne plus ; le charme de votre
préfence devient un befoin pour
moi : j'ai vainement effayé de me
combattre ; je me fuis jetté dans
la foule ; j'ai cherché loin de vous
des diftractions paffageres : mais
je me trouvois feul au milieu du
tumulte , ou plutôt vous étiez par-
tout avec moi. Que vous feriez
touchée de mon état fi vous le
connoiffiez ! Je brûle ; je languis ;
je me confume : je voudrois quelquefois ne vous avoir jamais vue ;
je me promets de vous éviter :
mais un jour paffé fans vous voir ,
fait mon fupplice ; j'erre comme
un infenfé ; tout me manque ; il

B 3

faut que je vous cherche, & quand je vous apperçois, la flamme court dans mes veines ; mon cœur s'élance vers vous ; je n'exiſte plus qu'où vous êtes. O ſouffrance horrible d'un amour ſans eſpoir ! aimer & déſirer, ſans oſer le dire ! être ſi près du bonheur, & ne point l'atteindre ! vous voir tous les jours plus aimable & plus touchante ! tous les jours être plus épris ! me ſauver, me rapprocher, fuir & revenir encore ! être ſéduit ſans ceſſe, réſiſter & ſuccomber au moment où je croyois vaincre ! Eſt-il un ſort plus cruel ? Je vous conjure à genoux de m'accorder un mot de conſolation, ou de me bannir pour jamais de votre préſence ! Un ſeul mot me rendroit la vie. Eh ! que défiré-je autre chofe que la permiffion d'adorer ce que j'ai connu de plus charmant fur la terre ! Une paffion fi pure ne peut vous bleffer , & fi vous la fouffrez , elle fera ma félicité. J'irai vous contempler en filence , chercher vos regards, recueillir vos paroles , & je reviendrai content. Mais de quoi vais-je me flatter ? Quel délire eft le mien !.... Pardonnez ! c'eft une témérité de vous écrire ; je le fens ; je vous offenfe , & je dois être puni ; mais quelle peine me ferez-vous fubir qui ne foit furpaffée par le tourment de vous aimer !

ROMANCE

Qui accompagnoit la Lettre précédente.

Muſique de M. Légat de Furcy.

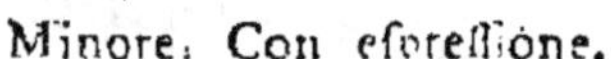

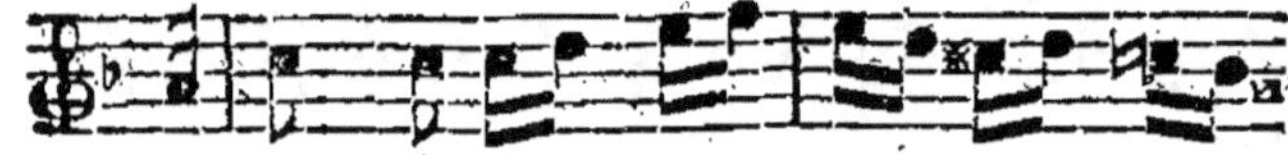

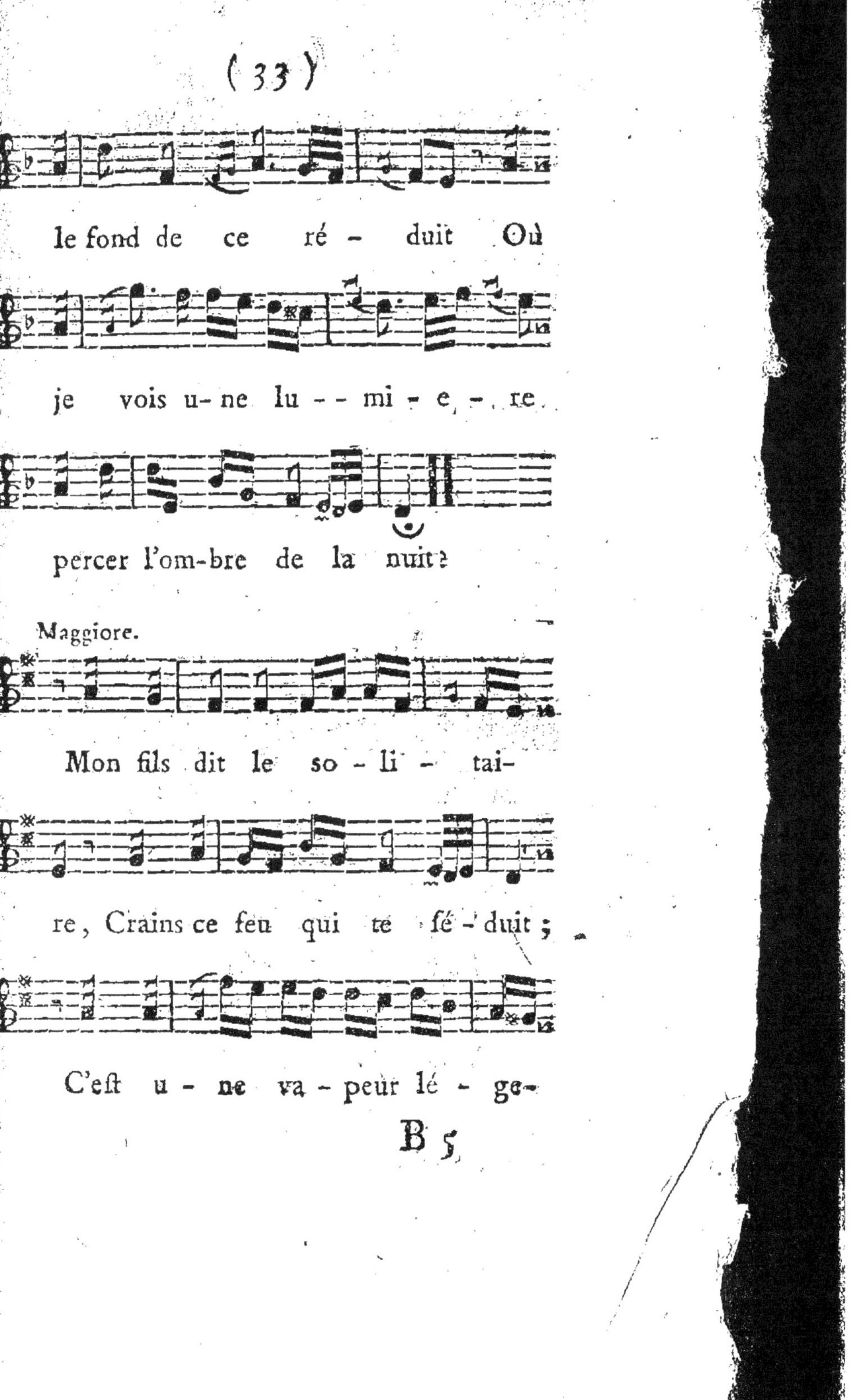
le fond de ce ré - duit Où
je vois u-ne lu - - mi-e - re.
percer l'om-bre de la nuit?
Maggiore.
Mon fils dit le so-li - taire, Crains ce feu qui te fé-duit;
C'eſt u - ne va-peur lé - ge-

Mineur.

Ces accens faifoient fourire
Le voyageur attendri ;
Un fecret penchant l'àtrire
Vers le bienfaifant abri :

Un toit de chaume le couvre ;
Et l'hermite hofpitalier
Pouffe un loquet qui leur ouvre
L'humble porte du foyer.

Majeur.

Devant lui fon chien folâtre
Et partage fa gaîté :
Le grillon chante dans l'âtre
Étincelant de clarté :
Mais hélas ! rien n'a de charmes
Pour fon hôte malheureux ;
Rien ne peut tarir les larmes
Qui s'échappent de fes yeux.

L'hermite voit fa triftefle
Et voudroit la foulager :
D'où vient l'ennui qui te preffe,
Dit-il au jeune étranger ?
Eft-ce une amitié trahie ?
Eft-ce un amour dédaigné,
Ou la mifère ennemie,
Qui te rend infortuné ?

B 6

Hélas ! tous les biens du monde
Sont peu dignes de nos vœux,
Et l'infensé qui s'y fonde
Eſt plus méprifable qu'eux :
L'amitié , s'il en eſt une ,
N'eſt qu'un phantôme impoſteur ,
Un vent qui fuit la fortune
Et s'éloigne du malheur.

L'amour eſt plus vain encore ;
C'eſt un éclat emprunté ,
Un nom faux dont fe décore
L'ambitieufe beauté :
On ne voit l'amour fidele ,
S'il daigne quitter les cieux ,
Qu'au nid de la tourterelle
Qu'il échauffe de fes feux.

Va, crois-moi, deviens plus fage ;
Méprife un fexe trompeur.....
L'hôte , ému de ce langage ,
S'embellit par fa rougeur :

Son front où la candeur brille,
Ses yeux, fa bouche & fon fein,
Font reconnoître une fille
Dans le charmant pellerin.

Voyez, dit-elle, une amante
Qui cherche en vain le repos ;
Voyez une fille errante,
Dont l'amour eaufe les maux :
Long-temps fuperbe, inhumaine,
Ignorant le prix d'un cœur,
A fuir une tendre chaîne,
J'avois mis tout mon bonheur.

Dans cette foule volage
Qui venoit groffir ma cour,
Raimond m'offroit fon hommage
Sans m'ofer parler d'amour :
Le ciel étoit dans fon ame ;
Le lys qui s'ouvre au matin,
N'eft pas plus pur que la flamme
Que j'allumois dans fon fein.

Sa naiſſance étoit commune ;
Raimond ſans bien, ſans emploi,
N'avoit qu'un cœur pour fortune ;
Mais ce cœur fut tout à moi :
Las de mon ingratitude,
Il me quitta pour toujours,
Et dans une ſolitude
Il alla finir ſes jours.

Maintenant déſeſpérée,
Victime d'un fol orgueil,
Je m'en vais dans la contrée
Qui renferme ſon cercueil :
Là je n'ai plus d'autre envie
Que de mourir à ſes pieds,
Payant des jours de ma vie
Ceux qu'il m'a ſacrifiés.

Non, non, dit Raimond lui-même
En la ſerrant dans ſes bras,
Non, celui que ton cœur aime
N'a point ſubi le trépas :

Regarde, ô mon Angéline,
Cher objet de mes regrets,
Regarde, ô fille divine,
Cet amant que tu pleurois !

Angéline est dans l'ivreſſe ;
Le tranſport coupe ſa voix :
Ah ! dit-elle avec tendreſſe,
Eſt-ce toi que je revois ?
Vivons , mourons l'un pour l'autre ;
Il ne faut plus nous quitter :
Qu'un ſeul trépas ſoit le nôtre !
Qu'aurons-nous à regretter ?

LETTRE VIII.

THÉRÈSÉ à CONSTANCE.

JE ne le vois plus ; on dit qu'il est malade : je l'ai défefpéré ; cela eft dur ; fa lettre ne méritoit pas ce traitement. Qu'avoit elle, après tout, dé fi offenfant ? Rien n'y pouvoit bleffer : il me demandoit pour toute grace de me voir !.... Mais pourquoi le demander ? Ne peut-il pas venir quand il lui plaît ? Cette lettre fi refervée cache peut-être un art bien perfide ! Il faut convenir auffi que c'eft un grand flatteur ! Bon dieu, quel éloge il fait de moi ! Me reçonnois-tu, coufine, à ce portrait ? C'eft le chant de la Sirène qui veut

m'attirer fur l'écueil. Plût au Ciel
que j'euffe la moitié des perfections qu'il me donne ! Hélas ! je
ne vois en moi qu'une malheureufe fille fans force & fans courage , incapable même de réfifter
aux féductions de la louange. Il
dit que je fuis indulgente ; il a
raifon ; je ne le fuis que trop, &
je devrois lui montrer plus de
févérité.... Comme il trembloit,
ce dernier jour , en s'approchant
de moi ! .... J'en étois émue ! J'ai
vu l'inftant où j'allois lui pardonner! Ah ! viens , ma coufine ! viens
promptement ! j'ai befoin de ton
appui : deux mots que tu me dirois
ici feroient bien plus d'effet que
ces lettres tardives qui ne me
parviennent qu'après de longs

jours d'attente & de tourment. Je suis portée continuellement dans un nouvel ordre de chofes, & mille fentimens nouveaux fuc- cédent à ceux que je t'ai confiés, quand je reçois tes réponfes. Je ne fais quel preffentiment me ferre le cœur. Je tourne ma vue fur le paffé, & mes foupirs s'échappent vers ces premieres années que je ne reverrai plus. Je fuis dévorée de mélancolie, & le Ciel eft auffi fombre que mon ame. Depuis deux jours il tombe des torrens de pluie. On prend bien fon temps pour me parler de fêtes ! Demain nous devons nous réunir dans une campagne voifine : une affemblée bruyante, de la mufique, des dan- fes ; que tout cela me tente peu !

Comment s'égayer quand on porte un ver dans le cœur ? Comment fourire quand les larmes roulent dans les yeux ?

LETTRE IX.

A la même.

QUELLE triste fête ! Voir toute la ville hors celui qui m'intéresse ! J'ai dansé ; j'ai chanté ; enfin je n'ai jamais vu de contrainte pareille à la mienne. Ce jour étoit éternel. Que les heures se traînent lentement sous le fardeau de l'ennui ! Le monde est bien étrange ! Qu'avois-je besoin de ce tumulte ? Et c'étoit pour moi qu'on se donnoit tant de peine ! Mon dieu ! que n'étois-je consultée ? on m'auroit laissée libre. Je suis maintenant entourée de tes lettres. Le funeste écrit est encore sous mes yeux. Que de soupirs il m'a déja

coûté !.... Deſchamps vient me
dire qu'on a paru ſous nos fenêtres, mais ſi pâle, ſi défait.....
N'admires-tu point ma folie ? J'ai
quitté ma plume ; un inſtinct ma-
chinal m'a fait courir dans la
chambre de ma mere ; la réflexion
m'a ramenée, & je reviens......
O ciel ! Pendant mon abſence,
on a poſé ſur ma table un papier
de la même main !.... O ma chere
Conſtance ! je ſuis entourée d'ennemis ; je vais appeller Deſchamps.... Elle a tout avoué ;
mais elle m'a fait du ſéducteur
une peinture ſi triſte ! Elle étoit
ſi touchée de ſa douleur ! Elle l'a
vu fondre en larmes ; ſa vie étoit
attachée à ce billet ; un refus

pouvoit le réduire au défefpoir,
& lui caufer la mort : elle lui a
fait jurer de ne plus m'écrire ;
elle rifquoit pour lui de fubir ma
difgrace : mais dût-elle être punie,
elle n'avoit pu tenir contre fes
prieres. Je le crois, ai-je dit en
moi-même, & cachant mon trouble, je l'ai menacée de la chaffer
s'il lui arrivoit encore de m'ex-
pofer à un pareil outrage. J'ai jetté
le billet, & je lui ai commandé
de le reporter : elle a refufé de le
prendre, en me conjurant de fonger
aux fuites fatales qui alloient en
réfulter. Combattue par l'amour
& le dépit, j'étois hors de moi-
même. Je t'écris au milieu de
mon agitation. Où cela va-t-il me

conduire ? Je ne fais que devenir.
Pourquoi n'ai-je pas rendu cette
premiere lettre ? Voilà comme un
faux pas en produit un autre !
Dans quel abîme je me fuis
plongée !

LETTRE X.

FALDONI à THÉRÈSE.

C'EST en tremblant que j'ofe vous écrire encore. Pardon, Mademoifelle! mille fois pardon! Je ne vous importunerai plus ; je ne veux qu'obtenir ma grace, & je me jette à vos pieds pour vous fléchir. Permettez-moi d'élever jufqu'à vous mes dernieres plaintes ; accordez ce foible foulagement à ma douleur, avant de me condamner à un filence éternel. Avec quelle rigueur vous m'avez traité ! De quoi fuis-je donc coupable ? Je craignois de vous dire tout ce que je fentois ; je retenois les expreffions brûlantes toujours

prêtes

prêtes à s'échapper de ma plume ,
je ne vous peignois qu'une foible
partie de mon amour. O que ma
lettre étoit loin d'exprimer les
mouvemens de mon cœur! Qu'elle
étoit froide auprès de ma penſée!
Et cependant je m'expoſois à vous
déplaire ; j'attirois ſur moi votre
indignation ! Imprudent ! que je
m'en veux de vous avoir écrit !
Vous daigneriez encore m'entendre. Peut-être une douce habitude
eût fait naître en vous la confiance
& l'eſtime. Si je n'étois point aimé,
du moins ne ſerois-je point haï.
Un moment de témérité m'a tout
ravi : je vous ai miſe en garde
contre moi; je vous ai forcée de
me fuir, & me voilà maintenant
rejetté loin de tout eſpoir ! Les

souvenirs de mon bonheur passé
vont empoisonner ma vie : mes
yeux se reporteront sans cesse vers
ces beaux jours où j'éprouvois,
en vous voyant, l'impression de
la félicité. Ce soir même où vous
m'avez si cruellement puni, une
heure, un moment plutôt, combien j'étois fortuné ! Vous veniez
de me sourire ; vos yeux s'étoient
fixés sur les miens avec bonté :
c'est ce regard qui m'a perdu. Une
joie céleste a pénétré dans mon
cœur ; un courage surnaturel a
ranimé mes facultés ; je me suis
oublié dans mon enchantement :
mais comment résister au besoin
de vous aimer & de vous le dire?
Combien de fois n'ai-je pas été
tenté d'embrasser vos genoux, &

de vous conjurer de m'écouter ?
Pourquoi ne pas avouer qu'on vous
aime ? Ne tient-on pas à l'Être
suprême le même langage ? N'êtes-
vous pas la divinité de mon cœur ?
O Mademoiselle ! si je pouvois
vous exprimer l'opinion que j'ai
conçue de votre ame, elle suffiroit
pour me justifier : je vous regarde
comme un Être angélique, né
pour faire le bonheur de tout ce
qui l'environne : je crois que vous
n'avez pas une pensée qui n'ait
pour objet une action généreuse :
si je voulois peindre la vertu sous
la forme la plus aimable, je choi-
sirois la vôtre : & je pourrois me
taire, quand les lieux où vous êtes,
l'air que vous respirez, vos vête-
mens, vos paroles, vos regards,

vos moindres geftes, tout eft plein du charme que vous faites naître! Quand vous paroiffez, tous les yeux fe tournent fur vous ; tous les cœurs vous fuivent. Si vous ouvrez la bouche, on eft entraîné : vos difcours pénétrent l'oreille comme une mufique raviffante. Souvent je me fuis furpris loin de vous à répéter ce que vous aviez dit : les mouvemens que je vous avois vu faire me devenoient na-turels, & je vous copiois fans y prétendre. Que ne peut en moi l'ambition de vous plaire ? Vous m'avez changé ; vos goûts font devenus les miens ; ma penfée s'eft élevée jufqu'à la vôtre..... Cependant mes feux s'irritent ; mes maux s'accroiffent ; je me fens mourir à tous les inftans. J'aurois moins de regret à quitter la vie, fi vos jours étoient fereins : mais j'ai vu des larmes tomber de vos yeux quand vous parliez à votre amie du malheur d'être fen- fible. Pourriez-vous connoître la douleur ? Peut-être avez-vous aimé. Hélas ! combien vous devez me plaindre, fi l'amour vous eft connu ! Jamais on n'éprouva de paffion plus terrible. Où êtes-vous pour me fauver de moi-même ? Pourquoi me fuyez-vous ? Pour- quoi refufez-vous de me répon- dre ? Voyez-moi tremblant à vos pieds, inondé de mes pleurs, vous demandant de me rendre la paix, la joie, le courage que j'ai perdus ! Rompez, rompez ce cruel silence, ou ma disgrace me paroîtra certaine, & dans cette pensée, je suis capable de tout. Mon sang coulera sous vos yeux ; mes derniers regards chercheront encore les vôtres ; & si, dans un monde plus heureux, l'ame conserve les affections qu'elle eut dans cette vie, ô Thérèse ! la flamme pure & sacrée que je sens pour vous, me brûlera au-delà du tombeau.... Il faut finir ; mon cœur se presse ; je voudrois dire mille choses, & je ne puis rien exprimer : la force me manque.... O daignez me répondre, ame généreuse ! Accordez-moi par pitié la faveur d'une parole ! Si vous êtes infléxible, je puis me délivrer d'une vie odieuse, plutôt que de supporter vos mépris, & je vous laisserai le regret éternel de m'avoir ôté des jours que je voulois vous confacrer.

LETTRE XI.

THÉRESE à FALDONI.

POURQUOI me forcer à vous répondre ? J'étois heureuse, & je vais cesser de l'être ! J'évitois de descendre en moi-même, & de m'éclairer sur l'état de mon cœur que je voulois ignorer. Occupée de ce projet, je me livrois tranquillement à des idées que je me serois reproché si j'en avois approfondi la cause : j'en étois quelquefois alarmée ; mais une douce illusion me rassuroit. J'aurois pu long-temps garder mon erreur : pourquoi me l'avez-vous ôtée ? Qu'avez-vous fait ? Quelle né-

cessité de parler, & sur-tout de
m'écrire : ah ! laissez, laissez-moi
désormais ; cessez de me voir ;
cessez de me montrer des sentimens que je ne puis agréer......
Je crains bien de ne conserver
que trop pour mon repos un souvenir que je devrois étouffer :
j'en dis beaucoup : je ne prenois
la plume que pour vous calmer,
vous consoler , vous engager à
vivre , & mon cœur se trahit à
chaque mot ! Mais je vous le
répéte encore : éloignez-vous ;
ne m'écrivez plus. Ah ! dieu !
n'ai-je point assez de mes peines ?
Pourquoi vous ai - je connu ?
Qu'espérez-vous ? Suis-je destinée
à remplir vos vœux ? Ne savez-
vous pas que tout m'en éloigne ?

Ne vaut-il pas mieux nous fuir ?
Oui, c'eſt le parti le plus ſage.
Moi vous aimer ! Hélas, nous
n'en ſerions que plus à plaindre !
Je ne ſais ce que j'écris ; je ſuis
dans un trouble affreux ; tout me
fait trembler ; tout m'épouvanre :
vous me rendez bien malheureuſe.

LETTRE XII.

N'ES-TU pas surprise de mon silence ? Qu'auras-tu présumé ; que je suis malade ? Oui, je le suis ; ma tête & mon cœur souffrent. Ce n'est pas vivre ; c'est continuer de mourir. Je ne puis soutenir ce tourment ; il influe sur mon humeur. Tout est altéré dans mes goûts, dans mes sentimens, dans ma conduite. Moi que tu voyois si rigoureuse sur les principes de l'honneur, moi que l'ombre d'une faute auroit effrayée, que diras-tu si je t'apprens que je suis maintenant à la

diſcrétion d'un étranger & de ma
gouvernante ? J'ai oſé recevoir
des lettres ; j'ai eu la foibleſſe
d'y répondre, une ſeule fois, je
l'avoue , & pour prévenir des
événemens dont j'étois menacée :
mais enfin j'ai pu le faire, & je
me vois aujourd'hui forcée d'ac-
cepter les billets de l'imprudent
qui m'obſede. O ma chére Conſtance ! Que deviendrai-je ? Mes
larmes coulent. Hélas ! peut-être
un jour ſeront-elles ma ſeule reſſource. Deſchamps me conſole :
tu connois la bonté de cette fille
qui m'a vu naître & qui m'aime
comme ſon enfant. Cette pauvre
bonne pleure avec moi , maudit
les amans, & finit par m'apporter
de nouveaux billets de ſon pro-

tégé. Que veux-tu donc que je faſſe ? Faut-il la chaſſer ? Faut-il interdire à l'autre l'accès de la maiſon ? Faut-il me ſacrifier ? Je connois mon pere : au premier ſoupçon d'une pareille intelligence, je ſerois perdue : peut-être que jamais je ne reverrois le jour : il eſt aſſez violent pour m'enfermer dans un cloître. Combien je m'abuſois quand j'ai cru qu'un amour vertueux pouvoit répandre quelques douceurs ſur cette pénible vie ; que dans le beſoin mutuel de tenir à d'autres êtres, le cœur pouvoit chercher un cœur, & que céder à la ſimpathie, c'étoit remplir les intentions de la nature ! Je n'avois pas réfléchi que ce qui eſt bon dans l'ordre nâturel, eft fouvent contraire aux principes des fociétés humaines, & qu'on eft jugé dans le monde, non fur les chofes qui font réellement honnêtes, mais fur celles qui paffent pour telles. D'après cette méprife dans mes opinions, je n'ai plus de regle certaine pour me conduire. Si le fentiment intérieur me dit que je dois obéir aux loix éternelles écrites dans mon ame, quelle foule de contradictions s'éleve autour de moi! En vérité, pour quelques jours que nous avons à paffer fur la terre, ce n'eft point la peine de fe tant tourmenter! Tu vas me trouver fingulierement raifonneufe, & ma morale pourra te fembler étrange. Raffure-toi, ma

tendre amie ! Mes syftêmes ne
nuiront point à mes mœurs, &
tout en murmurant contre les
loix, je faurai les refpecter. Je
vois avec peine approcher le printemps : nos concerts , nos affem-
blées , nos fpectacles , vont finir
pour moi. Il faudra renoncer aux
occafions que j'avois de voir celui
que j'aime, pour m'aller confiner
à la campagne. Comme tout
change en peu de temps ! J'ai vu
qu'autrefois j'étois ravie de rega-
gner les champs & de retrouver
la verdure : mais il faut avouer
que la vie ruftique eft bien monotone ! Nous partirons à la fin
d'avril pour les Ormes. Ne viendras-tu pas charmer ma folitude ?
O mon amie ! je frémis d'avance

de mon départ. On commence à parler de ce voyage. Tu fais combien maman se plaît dans sa terre ; elle l'embellit tous les ans ; elle y fait planter ; elle aime à jouir de son ouvrage, à se promener dans les bocages qu'elle a vu naître, à reprendre toutes ses allures journalieres qu'elle n'interrompt qu'à regret à la ville. Là, ses heures sont réglées ; elle se forme autour de son domaine un petit empire par ses largesses ; elle est comme une reine au milieu de ses villageois qui l'adorent : son ame douce & tranquille se livre avec délices à tous les détails de l'économie champêtre. Mon pere, occupé de ses procès, est bien souvent absent : il se propoſe de paſſer le printemps à Paris : nous ne le voyons ici que comme un éclair. Il rentra dernierement, tandis que M. Faldoni étoit à la maiſon : il ne l'avoit jamais vu , & tu connois ſon air hautain d'enviſager pour la premiere fois les gens auxquels il ſe croit ſupérieur. Je n'étois pas ſans inquiétude ſur ſon abord : tout le monde ſe leva quand il parut, & maman lui préſenta M. Faldoni, comme un ami de M. le Curé : il le meſura des yeux aſſez fierement, lui fit une légere inclination de tête, & ſe jetta dans un autre appartement, en murmurant quelques mots d'honnêteté qui ſe perdirent à la porte. J'étois conſternée de cet accueil : M. Faldoni le soutint en homme fait aux usages du monde, & qui ne se sent déplacé nulle part. Il continua de parler avec un air aisé ; mais je le vis rougir, & je conçois bien qu'il ne fut pas content du patron. Si je n'étois pas la fille de M. de Saint-Cyran, je saurois comment qualifier cette morgue inhumaine, & les réflexions ne me manqueroient pas sur la gloriole d'un gentilhomme qui met dans ses manieres l'orgueil qu'on doit réserver pour ses sentimens : mais il faut gémir & se taire.

LETTRE XIII.

FALDONI à THÉRÈSE.

D'o u vient donc le trouble où je vous vois ? Pourquoi ces soupirs qui vous échappent , ces triſtes regards que vous levez ſur moi , cette langueur qui vous accable ? Suis-je en effet l'auteur de vos peines ? C'eſt trop nourrir mes craintes ; daignez m'en délivrer : dites un mot , & je pars. Mais vous vous obſtinez au ſilence ; je vois que vous redoutez mon approche , & que vous affectez de me fuir. Si quelqu'heureux haſard me place auprès de vous , votre inquiétude eſt viſible ; vous

vous couvrez de tout ce qui vous environne ; il semble que tout soit fait pour vous servir contre moi de sauve-garde. Votre jeune sœur ne vous quitte plus : quand j'ai voulu profiter, pour vous parler, d'un instant de solitude, vous l'avez appellée. Est-ce moi que vous fuyez ? Est-ce de moi que vous devez vous défier ? J'ai donc perdu votre estime ! Vous m'accablez de mépris ; vous vous joignez pour m'outrager à celui qui vous a transmis son sang & sa fierté : c'est un état horrible ; il faut m'en délivrer. Je pars ; je m'en vais ; je vais m'arracher à ce lieu funeste ; oui je vous obéirai ; mais je partirai désespéré, plein d'un mortel poison, détestant la vie , maudiffant toute la nature & n'afpirant qu'à rentrer dans le néant du tombeau. Adieu! adieu ! la plus aimable & la plus adorée de toutes les femmes ! Confolatrice de ma vie ! Ange que j'ai cru deftiné par le ciel à me foulager du poids de l'exif-tence ! Je ne vous verrai plus ; il faut vous quitter ! Il faut renoncer à tout.... Adieu !

LETTRE XIV.

THÉRESE à FALDONI.

A quoi me réduisez-vous ? Faut-il avouer un sentiment que je n'éprouve qu'avec effroi, & que j'aurois voulu me déguiser à moi-même ! Combien je me suis trompée hélas ! quand j'ai cru ne devoir qu'à l'estime le desir de vous plaire ! Je m'y suis livrée sans crainte ; j'ai volé avec impétuosité au-devant du danger, & maintenant je n'ai point de secours à espérer de ma raison : elle m'est ravie : mon cœur s'abandonne à sa foiblesse, & j'ai perdu l'espoir de vaincre. O vous que je crois vertueux ! ne trompez pas mon attente : montrez-vous tel que je voudrois être si j'en avois le pouvoir. Je suis prosternée devant vous : les larmes tombent de mes yeux ; elles baignent les caracteres que je trace. C'est vous, c'est votre humanité que j'implore en faveur d'une infortunée dont vous faites le tourment. Je ne vous dis plus de me quitter ; je sens que je ne pourrois supporter votre perte : mais au nom du ciel qui m'entend, moderez devant moi des sentimens que je partage, & que je voudrois ignorer ! Ne me laissez voir qu'une foible partie de cet amour qui me désespere ! Si mes jours vous intéressent, n'irritez pas en moi des feux qui ne font que trop ardens ! Mon dieu ! Eſt-ce bien moi qui oſe avouer de pareils ſecrets, moi qui jurois de les enſevelir avec ma cendre au fond du cercueil ! Je devrois cacher dans la terre mon front couvert de honte ! Mais vous ne voudrez point me forcer à vous haïr ; vous ſerez généreux ; vous reſpecterez ma confiance : à ce prix, attendez tout de moi ! Si vous le déſirez, appellez-moi votre amie, votre ſœur ! Je vous promets d'en avoir la tendreſſe. Quel fruit délicieux je recueille-rai de cette union ! L'innocence même oſera l'avouer. Elle me rendra la noble aſſurance que j'ai perdue. La rougeur ne ſera plus ſur mon viſage quand j'entendrai

prononcer

prononcer votre nom : je ne fen-
tirai plus, à votre abord, la
frayeur qui me faifit : je pourrai
vous écouter fans m'alarmer, &
ma voix, en vous parlant, ne
fera plus tremblante. J'ai befoin
d'aimer ; mais le fentiment que
je vous offre fuffit à mon cœur ;
peut-être que tout autre feroit
fon tourment. Songez que nous
pourrons nous voir & nous parler
fans remords, être liés l'un à
l'autre par des nœuds éternels,
n'avoir ni peines, ni plaifirs qui
ne nous foient communs. N'eft-ce
donc rien que ce bonheur, &
que doit-on efpérer de plus dans
l'amour ?

Tome I.   D

LETTRE XV.

FALDONI à THÉRÈSE.

PAR quel charme avez-vous détruit dans un instant jusqu'aux traces de mes peines ! Suis-je le même être qui appelloit la mort, & qui êtes-vous pour me faire passer, à votre gré, de l'extrême infortune au comble du bonheur ? O délices de l'amour ! O joie que je n'avois pas encore éprouvée ! Quoi ! vous serez ma sœur & mon amie ! Je pourrai vous dire sans cesse que je vous aime ! Vous m'écouterez, & votre bouche me répondra par les plus doux aveux ! Vous me laisserez lire dans votre cœur jufqu'à fes moindres émotions ! Vous confentirez que je les partage, & nous n'aurons plus qu'une feule ame ! Ah ! regardez-moi comme un frere ! J'y confens : je voudrois être tout ce qui vous touche. Que n'avez-vous des noms plus tendres ! Ils me feront tous également chers dès qu'ils me lieront à vous. Que je bénirai les momens où je pourrai vous voir ! Quel tourment que ces jours d'abfence ! A peine ai-je la liberté de vous parler une fois dans une femaine. Hier, je ne vous apperçus qu'un inftant. Dans quelle trifteffe vous étiez plongée ! de grace, abandonnez une mélancolie qui m'afflige ; cédez à la

douce voix de la nature ; éloignez
toutes les craintes qui pourroient
troubler notre félicité. La jeuneffe paffe ; les années fe précipitent, & l'on a vieilli fans connoître le plaifir. Quels maux nous
cauferoit un fentiment auffi pur ?
Si le ciel le condamnoit, en eût-
il mis le germe dans notre ame ?
Non, ma chere Thérefe, la vertu
ne peut défavouer un penchant
honnête, & dans un cœur généreux l'amour ajoute à toutes les
perfections. Depuis que je vous
aime, mes goûts font plus nobles ;
j'éprouve mieux le fentiment du
beau : je ne vous quitte jamais
que je ne defire de me rendre
plus digne de vous plaire. Je rou-
girois maintenant d'une foibleffe,

& de la hauteur où vous m'avez placé, je ne vois plus qu'avec mépris les paffions baffes qui dégradent l'humanité. O qu'un véritable amour eft refpectable ! Il femble qu'un amant foit fous la protection de la nature entiere, & qu'il doive intéreffer tous fes femblables. Comme le monde me paroît nouveau ! C'eft un enchantement perpétuel. Qu'elle étoit belle cette promenade où vous n'avez fait que vous montrer ! Il m'a femblé que vous y laiffiez vos traces, comme les divinités de la fable répandoient fur leur route l'odeur de l'ambroifie. Je voyois encore cette robe légere flotter fur le gazon. Je me fuis affis avec volupté fur le lieu que vous aviez foulé. Que vous étiez aimable à ce bal de la nuit! Votre danfe, vos graces, votre ajuftement, attiroient tous les regards ; on ne pouvoit réunir plus d'élégance & de modeftie : j'étois jaloux de vos danfeurs. M*** à qui vous aviez donné le bras, & qui fe promena long-temps avec vous, me fit éprouver un tourment dont je n'avois point d'idée. Hélas ! vous m'aviez refufé cette faveur, & je vous fuivois triftement. O Thérefe! que ces privations m'accablent ! Qu'il eft affreux de ne pouvoir vous parler quand mon cœur eft brûlant, quand les expreffions de mon amour fe précipitent fur ma bouche ! Quel eft donc le fupplice des malheureux

qui vous aiment fans efpoir, fi
l'être fortuné que vous daignez
élever jufqu'à vous, & favorifer
de vos regards, eft forcé de fe
plaindre ! Mais pourquoi me plaindre ? n'ai-je pas votre amitié, &
que me faut-il encore ?

LETTRE XVI.

THÉRÈSE à CONSTANCE.

Tu fais combien ma mere eſt indulgente & comme elle aime à me procurer des plaiſirs : pendant l'abſence de M. de Saint-Cyran qui a fait une courſe à la campagne, nous avons eu une fête charmante à une petite lieue de la ville. M. le Curé, Faldoni, une jeuneſſe brillante, maman ſi contente quand on s'amuſe autour d'elle, une aimable liberté répandue dans nos jeux, une promenade ſur l'eau, des inſtrumens, des danſes, un ſouper très-gai, la lune qui éclairoit notre retour,

tout ce tableau m'a laiſſé dans
l'eſprit des traces délicieuſes.
C'eſt-là que dans le tumulte &
l'agitation qui m'environnoient,
j'ai joui d'une des heures les plus
douces de ma vie. Il étoit près
de moi. Il me parloit. Chaque
mot de ſa bouche entroit dans
mon ame, & y répandoit le bonheur. J'avois les yeux humides.,
& en fixant les ſiens, enhardie
par l'obſcurité du ſoir, je les vis
mouillés de larmes. O tendre
ſimpathie ! quelle eſt ta puiſſance !
Je n'ai jamais ſenti d'émotion plus
vive. Je portai mon mouchoir
ſur mes yeux : il fallut m'aſſeoir.
Une idée terrible paſſa tout-à-
coup devant moi comme un
nuage, & m'offrit la perſpective

effrayante de tous les maux dont j'étois menacée ; j'en fus comme accablée. Le Curé qui me vit dans cet état parut touché de ma langueur ; je le priai de ne me point quitter : ce n'est pas que je me défie de moi ; mais je suis plus tranquille auprès de lui. J'ai quelquefois l'envie de lui faire l'aveu de mon erreur ; il sauroit m'éclairer de ses conseils ; sa raison supérieure porteroit une lumiere victorieuse dans la nuit où je m'égare. Peut-être seroit-il encore temps de me sauver ; mais une fausse honte me retient : la peur de n'oser obéir à sa voix, la pente fatale qui m'entraîne & que j'aime à suivre, que fais-je enfin ? L'ascendant de ma destinée

furmonte ces infpirations bien-
faifantes. Une impreſſion de mélancolie me refta toute la foirée.
On invita Faldoni à chanter ; il
prit un luth dont il accompagna
ſa voix : c'étoit un air fimple,
des paroles touchantes ; je n'y pus
réfifter : on étoit dans un bofquet;
je m'éloignai ; les larmes tombe-
rent de mes yeux. On me crut
indifpofée : ah ! je l'étois bien en
effet ! Que mon cœur étoit à la
preffe ! Malheur ! malheur à ceux
qui aiment ! quel tourment ! quelle
angoiffe ! quelle continuité de
trouble, d'agitations & d'alarmes !
Quoi, jamais de treve ! Avoir
toujours là ce fantôme ! Toujours
le fein gonflé de foupirs & les
larmes dans les yeux ! C'eft un état

que je ne puis supporter ; & faut-il
encore avoir à partager les maux
de cet infortuné ! Je le vois morne,
rêveur, abattu ; ses regards crai-
gnent les miens ; sa voix ne s'ex-
prime qu'en tremblant. Je suis
persuadée qu'il souffre & qu'il
n'ose se plaindre. Voilà cependant
comme la vie se passe ! Et il faut
la traîner , en pleurant, vers l'a-
bîme où tout finit !

P. S. Mon pere vient d'arriver
& d'apporter le trouble avec lui ;
il parle de m'établir & m'a déclaré son projet : ma réponse ne
l'a point satisfait. Pour comble
de malheur, Faldoni est venu
nous faire une visite cet après-
midi. J'avois les yeux fatigués :
on s'en est apperçu : il est vrai

que j'avois beaucoup pleuré. Faldoni a paru inquiet ; son visage
changeoit souvent de couleur &
mon pere qui ne l'aime point le
fixoit par intervalles. Je n'ai jamais vu des yeux aussi perçans ;
je les ai rencontrés & ils m'ont
fait trembler. Quelle gêne, mon
amie, quelle étude continuelle
de veiller sur soi-même ! Comment n'échaperoit-il-point dans
une agitation aussi vive des mouvemens qui nous trahissent ? Enfin
j'ai cru cent fois que mon pere
nous devinoit. Ses regards som-
bres sortoient sous une forêt de
sourcils d'une maniere effrayante.
Triste prévention d'un cœur coupable ! On croit lire par-tout le
reproche !

LETTRE XVII.

FALDONI à THÉRESE.

O ma chere Thérese ! Pourquoi le doux sourire n'est-il presque jamais sur vos levres ? Si vous saviez combien il vous embellit ! Mais votre mélancolie n'est pas moins touchante : je voudrois seulement qu'elle ne fût point en vous l'effet du chagrin, mais une simple disposition d'humeur. Que vous m'affligiez dans cette fête dont le souvenir ne me quittera jamais ! Que vos pleurs me déchiroient ! Mais en même-temps je ne sais quelle douceur se mêloit à mes peines. Je n'enviois point la joie folle de tout ce qui m'en-

touroit ; le fentiment que je par-
tageois avec vous me rendoit bien
plus heureux ! Charme puiffant
de la trifteffe ! Tendre mélancolie
de l'amour ! Qu'eft-ce près de toi
que tous les jeux d'un monde im-
portun ? Mais dites, mon amie !
avez vous fenti comme moi ce
befoin d'aimer, ce vuide affreux
que laiffent d'infipides plaifirs &
qui ne peut être rempli que par
l'amour ? Il fembloit que je vous
cherchois ; mon cœur ne favoit
où fe porter ; je promenois par-
tout les regards de l'indifférence ;
c'étoit vous que j'appellois. Je
vous ai vue, & ce premier moment a décidé de mon fort. Avec
quelle force vous vous êtes em-
parée de toute mon ame ! Com-

ment pourrois - je être privé de vous voir sans expirer de douleur ! Je repousse en vain cette pensée funeste : elle me poursuit sans relâche , & je la conserve même auprès de vous !

Il y a huit jours que vous étiez au bal. Quelle différence ! Cette nuit j'y serai seul. Vous n'allez pas ce soir à la Comédie : je ne vous vois plus. Il faut bien que je m'accoutume aux privations : dans un mois je vous aurai perdue. L'idée de cette campagne où vous allez vous renfermer est effrayante. Je n'aime plus le printemps depuis qu'il doit vous séparer de moi : je n'aime gueres mieux l'hiver, puisque j'ai si peu d'occasions de vous parler.

J'ai couru tout le jour fans but, fans projet ; j'étois chagrin, diftrait, accablé : je me fuis renfermé ; j'ai voulu vous écrire ; j'avois-la tête embarraffée ; j'ai quitté la plume : j'ai été au fpectacle ; il m'ennuyoit, & j'en fuis forti. Hélas ! mon cœur vole au-devant de fon defir ; l'impatience m'emporte, & je me fais des tourmens du principe même de ma félicité. Que je vous ai fouhaitée de fois aujourd'hui ! J'ai paffé fous vos fenêtres, & je n'ai pu vous appercevoir : j'éprouvois une forte de plaifir à voir ces froides murailles qui renferment tout ce que j'aime. J'ai rencontré quelqu'un qui alloit chez vous, & j'ai porté envie à fon bonheur. Que le plaifir eft court, & que la folitude où fa fuite nous laiffe eft immenfe! O ma charmante amie! O Thérefe! qu'il eft cruel de ne pas toujours fe voir, quand on voudroit toujours être enfemble! J'ai parcouru triftement tous les lieux où vous étiez la veille. J'ai revu ce bois, ce ruiffeau, ce banc de verdure où vous vous êtes affife. J'ai trouvé tout cela très-nud, très-défert; je ne m'y fuis point arrêté ; il me venoit des fouvenirs qui me fuffoquoient à chaque pas. Il faudroit qu'avec le bonheur on en perdît la mémoire. Ne vaut-il pas mieux l'oublier que d'avoir à regretter fa perte?

LETTRE XVIII.

THÉRESE au CURÉ.

VENEZ à mon secours, Monsieur ! je vous en conjure. Sauvez-moi des dangers qui m'environnent : sauvez-moi, s'il se peut, de moi - même ! Qu'avez - vous pensé, quand vous m'avez vue, samedi, dans un état si violent ? Vos consolations généreuses descendoient dans mon cœur ; vous rappelliez mon courage abattu. Homme bienfaisant & digne des respects de toute la terre ! C'est vous que j'implore, & je crois parler à ce Dieu de bonté dont vous êtes la noble image. J'ose lever les yeux devant vous, & vous montrer toute ma foiblesse. Quels droits n'avez-vous pas à ma confiance, vous qui avez prononcé le premier serment en mon nom, quand je commençois ma triste carriere, vous dont l'affection ne s'est jamais démentie pour moi depuis mon enfance! O Monsieur! ayez pitié de mon trouble; éclairez-moi de vos conseils! Qu'ai-je fait? Que dois-je faire? Où fuir? Où me réfugier loin du malheur qui me poursuit? Hélas! je tremble qu'il ne soit trop tard: mais quoiqu'il arrive, conservez dans votre sein le secret de ma vie; qu'il y soit comme un dépôt inviolable & sacré. J'aime, il est trop vrai, & j'aime autant qu'il est possible d'aimer ; c'est une fievre brûlante ; je ne suis plus à moi ; je suis toute à la passion qui me consume, & j'admire comment j'ai trouvé le courage de vous porter mes plaintes : dans le sommeil de ma raison je n'en étois point capable. Il faut que le ciel m'ait inspirée : demain peut-être je ne le pourrois plus. Je suis même tentée de ne point laisser partir cette lettre ; & si je la relis , je suis perdue : mais j'aurai la force de poursuivre ; & puisqu'il faut périr, j'aurai moins de reproche à me faire, après avoir suivi l'impulsion de la vertu.

Vous avez vu , Monsieur , le fatal objet qui trouble ma vie ; vous le connoissez : il étoit auprès

de vous : je n'ai pas besoin de le
nommer. Quel autre pourroit
m'inspirer la même tendresse ! Je
ne vous écris point pour faire son
éloge & diminuer ma honte : mais
il a des vertus qui le font chérir
& une sensibilité bien rare. Pourquoi ne le dirois-je point si ce
langage est un tribut qu'on lui
doit ? Je sais qu'il est bien né,
mais peu favorisé de la fortune.
Tendre, pressant, plein de l'énergie d'une ame honnête & fiere,
supérieur aux événemens, incapable de fléchir sous la nécessité,
encouragé par les obstacles, il
marche le front levé, porte dans
le monde la rudesse & la franchise
d'un esprit indépendant, pense
tout haut & parle comme il pense.

Vous jugez combien de ménagemens il faut avoir pour un
homme fi digne de mon eftime!
Mon foible cœur n'a que trop
de penchant pour lui, & fi je
difpofois de moi, ma main ne
tarderoit pas à fuivre le don de
mon cœur : mais mon pere ne
confentira jamais à notre union;
je le fais ; je le prévois. Pourquoi
nourrir un vain efpoir? Il y a plus ;
ma famille a fur moi d'autres
vues ; peut-être fuis-je au moment d'être immolée ! Va donc,
va loin de moi douce & charmante illufion dont je m'étois
bercée ! trompeufe image d'un
bonheur mutuel ! laiffe-moi pour
toujours ! J'ofe vous demander
une grace : c'eft de lui dire de

s'éloigner : ne dites pas que je le defire ; il en mourroit de chagrin. Parlez-lui comme de vous-même, & d'après les bruits qui commencent à fe répandre : cachez-lui que mon pere me préfente un établiffement : fon défefpoir le porteroit à des excès effrayans. Peut-être un jour ferons-nous plus heureux ; mais il ne faut compter fur rien, & le feul parti qui nous refte, eft de prévenir l'orage par une féparation affreufe mais néceffaire. Grand dieu ! quel facrifice ! il eft terrible, & je crains de ne pouvoir le foutenir ! Renoncer à la plus chere idée ! me dévouer à l'éternel oubli de ce que j'aime ! vivre loin de celui dont l'image

ne

ne me quittera qu'au tombeau ! Je vous ouvre mon ame toute entiere ; vous voyez mes bleſſu- res ; elles ſont mortelles ; je n'en ſaurois guérir. Je ſens que quand il fuiroit au bout de la terre, mon cœur, ma penſée, toute mon ame ira l'y chercher : n'im- porte ; il faut qu'il s'éloigne ! Quand je n'aurai plus l'eſpérance de le voir, il m'en coûtera moins de le combattre, ſi toutefois ſon image peut me laiſſer en paix !

LETTRE XIX.

Le Curé à Thérèse.

QUE je suis touché de vos aveux ! Avoir le courage de se vaincre & de renoncer à la plus douce des erreurs, c'est le chef-d'œuvre de la vertu. Vous le dirai-je ? Ce que vous m'avez confié, je le soupçonnois : mais je comptois trop bien sur la sagesse de vos principes pour avoir rien à redouter : j'étois bien sûr que ma chere Thérese ne se permettroit aucune démarche qui ne fût avouée par l'honneur. O mon enfant ! que je vous plains ! que je souffre pour vous ! Dès le premier pas que vous faites dans le monde, entourée des efpérances les plus brillantes, & dans la fleur de la beauté, être déja faifie par l'infortune & rejettée loin des plaifirs de votre âge ! n'avoir devant vous qu'une perfpective de douleur & de regret ! marcher entre deux abîmes, fans guide pour vous conduire, fans lumiere pour vous éclairer ! Que feriez-vous devenue, fi l'Être fupréme qui veille fur toute la nature ne vous eût protégée ! Grace à ce Dieu bienfaifant, rien n'eft encore défefpéré. Ne vous abandonnez pas au découragement ; la Providence fait quelquefois naître du fein de l'extrême douleur, des confolations inattendues. Le temps amene dans son cours tant de révolutions ; tout ce qui appartient à la nature est si variable! Voyez cette succession rapide d'événemens divers qui roule depuis tous les siécles ; c'est l'histoire de l'homme : il est de son essence de ne rester jamais le même. Tout change ; tout se déplace ; on est mal aujourd'hui ; demain on sera mieux : dans la fortune on redoute les revers, comme dans la peine on espere le plaisir. Cette idée m'a toujours soutenu contre les disgraces de la vie. Quand j'étois malheureux, je disois à mon cœur; souffre avec patience & résigne-toi : tu ne peux attendre qu'un sort plus doux. En effet il venoit un moment de grace , & mes maux étoient oubliés.

J'ai parlé à votre ami , & je l'ai déterminé à s'éloigner. Si vous me permettiez de difpofer de votre fecret, je voudrois le porter dans le fein d'une mere : elle vous aime ; elle feroit fenfible à vos peines , & peut-être réuffirois-je à vous la rendre propice. Je ne fais point affeêter cette rigueur auftere qui repouffe les épanchemens d'une ame tendre & timide : mais vous fentez, ma chere fille, combien je fuis entraîné à cette ouverture que je vous propofe , par la confiance qu'on a pour moi dans votre famille, & j'ofe dire encore par l'intérêt que vous m'infpirez.

E 3

LETTRE XX.

THÉRESE au CURÉ.

AH ! Monſieur ! qu'allez-vous faire ? Si vous dites un mot, je ſuis perdue ! Laiſſez dans le ſilence & dans l'oubli ce qui doit y reſter. Mon ſoin ſera déſormais de me combattre : que le vôtre ſoit de m'aider à vaincre ! Si ma mere connoiſſoit ma foibleſſe, que deviendrois-je ? Jamais, jamais, je n'oſerois me montrer ! Au nom du ciel ! brûlez ma lettre & gardez-vous de parler !

LETTRE XXI.

FALDONI au CURÉ.

JE viens de voir Mademoifelle
de Saint - Cyran ; elle m'a paru
trifte & férieufe : j'ai voulu l'a-
border ; elle s'eft éloignée, & je
n'ai pu rencontrer une feule fois
fes regards. Je me rappelle maintenant une foule de circonftances
qui ont précédé cette vifite & qui
auroient dû m'éclairer fur ma
difgrace. Qu'y a-t-il donc, Monfieur ? Qu'ai-je fait ? De quoi
fuis-je coupable ? Hélas ! il m'eft
bien aifé d'avoir des torts, & je
ne fuis pas préfent pour me juftifier. Non, plus j'y réfléchis,

plus je fens que j'ai befoin de me faire confirmer ma fentence. De grace, Monfieur! obtenez qu'on me parle. Punit-on un criminel, fans lui annoncer la caufe de fon fupplice? J'attends de vous ce bienfait: Miniftre d'un Dieu d'amour, c'eft par la clémence que vous l'imitez. Je rougis de voir un Pafteur vénérable obfédé par les plaintes d'un jeune infenfé, condefcendre à fa paffion, fe prêter à l'entendre, & lui facrifier des momens qui feroient mieux employés, fans doute, aux devoirs d'une religion févere: mais pourquoi refuferiez-vous de me fecourir? vous êtes le médecin des ames; votre éloquence porte la joie & le repos dans le fein du

malheureux ; vous arrachez au
défefpoir celui qui peut entendre
vos accens confolateurs. On nous
dit qu'une extrême indulgence
eft une extrême erreur : fans
doute aux yeux de ces hommes
froids & durs pour qui toutes les
loix font gravées fur le bronze ,
& qui ne fortent jamais du cercle
étroit de leurs principes. Pour
eux , la pitié s'appelle foibleffe,
& la rigueur prend le nom de
juftice. Malheur à celui qui, pour
fuivre la vertu, ne s'attache qu'aux
regles de fa place ! La vertu, nom
fublime ! n'eft-elle pas au-deffus
de toutes les conventions humaines & de nos petites loix fociales?
Elle exiftoit avant le monde ;
avant qu'il y eût des hommes

vertueux, elle repofoit dans le fein de fon auteur : c'eft du ciel que fes émanations defcendent fur la terre : l'être qui l'adore, n'attend pas que la loi lui dife, vous ferez cela : il voit la vertu ; il s'élance vers elle ; il eft parti, avant que le légiflateur ait parlé ! Homme fenfible ! ouvrez-moi vos bras ; que j'y dépofe le fardeau de mes peines ! mais comment pourrez-vous le foutenir ? Je fuccombe ; je ne fuis plus rien ; je n'ai ni force, ni courage, ni facultés : tout eft mort en moi. J'irai vous voir aujourd'hui. Depuis ce matin, je n'ai ceffé de marcher, comme fi la fatigue étoit un remede contre les penfées qui me tourmentent !

Ah! j'ai beau courir ! mon cœur,
mon foible cœur me suivra toujours.

LETTRE XXII.

Le Curé à Faldoni.

Venez ce soir ; je vous attendrai : nous irons faire une promenade dans les bois : l'air de la campagne est salutaire aux maladies de l'ame. Je vois que vous grossissez vos peines, & j'admire comme votre imagination se jette d'abord dans une mer orageuse. Quoi ! parce que la raison vous fait un devoir d'une courte absence, tout est perdu, jusqu'à l'espoir ! votre cerveau se dérange ; votre sang s'allume ; le délire vous figure des monstres, & vous voilà malheureux ! Où feriez-vous

donc ſi vos maux étoient réels,
s'il falloit renoncer à l'objet de
vos vœux, ſi vous étiez condamné
à ne plus le revoir ? Vous m'é-
crivez la lettre d'un enfant
qui ne ſait ce qu'il demande ;
vous oubliez ce que je vous ai
dit ; votre mémoire a ſuivi les
écarts de votre raiſon. De quoi
vous plaignez-vous ? Qui prétend
que vous avez des torts ? Quoi !
vous recommander la réſerve, la
prudence, les ménagemens, c'eſt
vous déclarer coupable ! Vous
n'avez pu rencontrer les regards
de votre amie ; de ſages précau-
tions lui ont impoſé près de vous
une contrainte rigoureuſe, & la
fureur vous ſaiſit ! Vous êtes prêt
à l'accuſer ! Les amans ſont d'é-

tranges gens ! Eſt-ce pour vous
tourmenter que j'ai parlé, moi,
de vous éloigner ? l'avez - vous
ſoupçonné ? Oſez le dire, & je ne
vous reverrai jamais. Quel plaiſir
cruel aurois-je donc à vous affliger, quand ſortant pour vous de
la gravité de mon caractere & de
mes fonctions, je vous témoigne
une tendre ſollicitude ! Vous avez
mal jugé d'une priere qui étoit
toute ſimple : Mademoiſelle de
Saint-Cyran ne vous la répétera
pas. C'eſt à l'honnêteté de votre
cœur qu'elle doit laiſſer le ſoin
de vous déterminer pour un éloignement qui me paroît eſſentiel,
mais qui d'ailleurs n'annonce point
une diſgrace.

LETTRE XXIII.

Le Curé à Thérèse.

VOTRE ami vint hier chez moi, à cinq heures : je l'attendois. Nous sortîmes sur le champ & nous prîmes la route de la campagne. La soirée étoit charmante : nous marchions lentement & en silence : le hasard nous conduisit sur une colline élevée, d'où l'on découvroit une partie de la ville; la beauté du lieu nous séduisit, & nous nous y arrêtâmes. La Saone couloit à nos pieds dans une plaine superbe, & baignoit cette longue file d'habitations élégantes qui forme une perspective enchantereffe. J'ai remarqué fouvent, ma chere fille, que les tableaux de la belle nature portent dans l'ame une paix fecrette & font taire les paffions. M. Faldoni reftoit immobile, & les yeux fixés dans l'éloignement fur le côté de la ville qu'il appercevoit; il crut découvrir votre maifon, & il laiffa tomber quelques larmes. Demain, me dit-il, à la même heure, je ferai loin de là. Il fe leva : ne reftons pas ici ; cette vue m'afflige, & je fens mes réfolutions s'évanouir. Nous fîmes plufieurs pas : il fe retourna tout-à-coup, & tendant les bras vers cette maifon qu'il croyoit voir, ô dieu ! s'écrioit-il, aidez-moi à m'arracher de ce lieu fu-

neſte ! Mais pourquoi le fuir ?
Pourquoi me forcez-vous de
m'éloigner ? Il s'aſſit ſur le gaſon :
voilà qui eſt fait ; je ne ſors point
d'ici ; c'eſt ici que je veux mourir ;
(avec une voix entrecoupée par
des ſanglots) oui , je veux être
enſeveli ſous cet arbre ; & ſi elle
y vient, qu'elle ſache que je ſuis
mort, victime de ſa cruauté. Je
le laiſſai parler long-temps ſans
l'interrompre, & quand ſon cœur
ſe fut ſoulagé, je commençai à
lui rappeller ce que j'avois dit
dans nos entretiens, & ce que je
lui avois écrit : je lui montrai
l'eſpoir d'un avenir plus heureux ;
je l'encourageai à ſupporter ſes
peines préſentes par tous les motifs de l'honneur, de la raiſon &

de l'amour même ; je lui fis avouer que ses plaintes étoient injustes, qu'il n'y avoit dans tout ceci qu'une simple précaution bien légitime, & qu'il falloit céder à la nécessité. Il m'écouta triste-ment, les bras croisés & la tête sur son sein. Hé bien ! me dit-il enfin, vous l'ordonnez ; j'obéis, & je vous promets de ne rentrer dans la ville que quand on le voudra. Adieu, Monsieur, (me serrant dans ses bras avec de profonds soupirs,) adieu, mon bienfaiteur & mon ami ! Souvenez-vous de moi ! Permettez que je vous écrive, & daignez me répondre. Je ne sais où j'irai ; je n'ai point de but dans ce triste voyage : tous les lieux me sont égaux. Quels jours, quels triftes jours je vais paffer ! Quelle différence du temps où je la voyois, où j'allois refpirer le bonheur auprès d'elle ! Vous ne connoiffez pas tout ce que j'abandonne ; ce n'eft pas une créature humaine ; c'eft un Ange ; & il répétoit avec emphâfe : c'eft un Ange defcendu fur la terre pour la félicité des hommes ! Adieu, fille du ciel ! toi que j'aimois fans efpérance, que j'aime encore en te perdant, & que j'aimerai jufqu'à la mort ! Si mes plaintes peuvent arriver jufqu'à toi, donne-moi feulement une larme, & je ferai content ! Vous voyez l'état où je fuis ; Monfieur, vous êtes témoin de mes douleurs ; je ne les cache

point ; le ciel & la terre les con-
noiffent ; il m'eft bien permis de
gémir ; c'eft une douceur qu'on
ne peut m'enlever ; tout le refte
m'eft ôté ;... oui , tout le refte !
Ai-je feulement un afyle ? Ne me
chaffe-t-on pas ? Que feroit-on
de plus , fi j'étois odieux ? Quand
je le vis retomber dans fes premieres alarmes , & s'obftiner à
rejetter mes confolations , je chan-
geai de langage. Je croyois , lui
dis-je , avoir affaire à un homme
fenfé : mais puifque rien ne peut
fléchir votre efprit farouche &
intraitable , il faut bien prendre
le parti de vous livrer à votre
fort. Je vous déclare donc que je
ne veux plus m'en occuper , &
que c'eft la derniere fois que je

vous parle. Je feignois de le quitter : il m'arrête, effrayé. Qu'allez-vous faire ? Ne voyez-vous pas que je fuis un malheureux dont la raifon s'égare ? Laiffe-t-on un malade parce qu'il a le délire ? Ayez pitié de moi ! ne m'abandonnez pas ! Je fuis prêt de me foumettre à tout. Vous exigez que je m'éloigne ; eh bien, encore une fois, adieu ! Il fe rejetta dans mes bras dont il ne pouvoit fortir ; puis tout-à-coup s'en arrachant, écrivez-moi, je vous en conjure ! voilà votre route, & voici la mienne : féparons-nous. Il defcendit à pas précipités de la colline, & je le perdis bientôt de vue.

LETTRE XXIV.

THÉRESE à CONSTANCE.

JE l'ai forcé de me quitter ; il eſt maintenant loin de moi ; il m'a laiſſée dans l'affliction. Ah! mon amie ! où eſt-il celui qui rempliſſoit tous mes inſtans, qui charmoit toutes mes penſées ! Il étoit tout pour moi ; il étoit plus que ma vie, plus que mon bonheur. Un raviſſement divin me pénétroit à ſa vue : un éternel tranſport naiſſoit en moi de ſon ſourire.... Mais il eſt parti !... Fixée dans le centre de ce cœur déchiré, ſon image vit encore ! Elle vit pour mon ſupplice, & la

mort feule peut l'en arracher. Je
n'ai plus d'efpérance de paix que
dans le tombeau ! J'imaginois
d'autres joies, d'autres félicités,
d'autres amours ! Pauvre Thérefe!
Amante foible & trompée ! tu ne
favois pas, tu ne fentois pas que
le feul Faldoni pouvoit te donner
tous ces biens ! Quand je me rappelle l'émotion dont j'étois faifie
en le voyant paroître, mon trouble à la feule attente de fon retour, le battement de mon fein
au bruit de fes pas, au fon de fa
voix, à tout ce qui m'avertiffoit
de fa préfence, je ne fais comment je pourrai vivre fans le
voir!..... Ah! Conftance! pourquoi m'engagiez-vous à lire les
lettres de Julie Mandeville? Pour-

quoi vouloir contrifter du récit d'une infortune imaginaire une ame déja navrée de fes propres angoiffes ? J'ai lu, j'ai trempé ces pages mélancoliques des larmes qui couloient du fond de mon cœur. Hélas! Julie avoit des confolations ; je n'en ai point : elle aimoit fans contrainte, & je dois cacher mon amour à toute la nature. Il faut fourire quand j'ai befoin de pleurer ; il faut me taire quand je brûle.... O dieu ! fe fentir mourir & ne pas ofer dire, je me meurs !

LETTRE

LETTRE XXV.

A la même.

MON pere m'a préfenté l'homme qu'il me deftine pour époux : j'aimerois autant qu'on m'eût préfenté la mort. Je ne connoiffois point l'antipathie ; c'eft un fentiment que je dois à cet étrange perfonnage. Imaginez, ma chere Conftance, un fantôme fec & long dont le teint noir eft mêlé de jaune, qui élevoit d'un ton d'importance une voix fépulcrale, me parcouroit de fes deux yeux creux & malhonnêtes, & fourioit à faire peur : voilà ce qu'un premier coup-d'œil m'a laiffé voir.

Tome I.   F

Il eſt revenu des Indes où il avoit amaſſé une fortune immenſe : Ah ! mon dieu ! qu'il y retourne ! J'ai ſu qu'il laiſſoit ici ſes parens dans la miſere, & j'en ai conçu pour lui un dégoût qui va juſqu'à la haine. J'ai d'abord été choquée de ce que me regardant comme ſa conquête, il ait oſé me prendre la main & la baiſer : je l'ai retirée bruſquement, & ma rougeur a dû lui montrer mon dépit. Il va faire un voyage, & il ſera de retour dans ſix mois : dans ſix mois, chere couſine ! c'eſt le terme qu'on fixe à mon mariage ! Étoit-ce donc pour cette fatale union que j'éloignois Faldoni, & que je me privois de ſa vue ? Hélas! il s'en alloit triſtement ſans ami, fans guide, fans confolation, feul, à pied, aux approches de la nuit, & tandis qu'il traverfoit des déferts pour m'obéir, j'arrofois ma couche de mes larmes ; je le regrettois ; je l'appellois ; je maudiffois ma rigueur : que dis-je ? rigueur ! Je devrois la nommer cruauté, tyrannie ! Ah, mon amie ! que mes efforts me coûtent cher ! être obligée d'affecter l'indifférence & la froideur ! étouffer jufqu'à mes foupirs ! défendre à mes yeux de le voir !.... Que les hommes crient contre l'orgueil ; ils ont raifon : l'orgueil eft le tyran de la nature. Je voudrois fuir dans une cabane, & m'y cacher fous l'humble vêtement de la mifere, pour échapper

aux préjugés qui me pourſuivent.
Mon pere m'a menacée du cloître, & c'eſt l'unique aſyle qui me
convienne : en effet, dois-je pré-
férer de former des liens qui me
bleſſent ? Je ne ſais ſi je m'abuſe :
mais j'ai du mariage l'opinion
la plus ſublime : je le regarde
comme le dernier degré de la
félicité humaine, quand il eſt
fondé ſur la vertu, l'eſtime & la
tendreſſe : ſans ces conditions,
je ne conçois pas de ſort plus
horrible que celui d'être con-
damnée à vivre avec un homme
qu'on mépriſe, ou qu'on ne peut
aimer. Dans le célibat au contraire, & ſous la ſanction d'une
vie religieuſe, on ne dépend que
des loix qu'on a choiſies : quand

on a fourni fa tâche journaliere
de peines & de travaux, (eh !
quel état n'a point le fiens ?) On
peut vivre en paix avec foi-même,
& retrouver dans fon cœur l'ombre de la liberté, puifque la réa-
lité n'en exifte nulle part. J'ai
fait fouvent les réflexions que je
vous préfente, & j'y reviens toujours avec plaifir. Je ne puis refter
dans la crife où je fuis : il faut
bien que cela finiffe. Tout eft
contre moi, les hommes, les
préjugés, la fortune ; & je n'ai
que mon cœur pour réfifter à tant
d'ennemis ! Que voulez-vous que
je faffe ? Je me fens affez de force
pour les combattre : mais un pere !
ô mon amie ! quel terrible adver-
faire ! quand il me dit un mot,

je fuis dans la poudre ; je ne vois plus que mon néant : le ciel, la terre, mon amant, toute la nature difparoît ; je ne fais qu'obéir.

LETTRE XXVI.

FALDONI au CURÉ.

Il est donc vrai que je l'ai perdue, qu'elle m'a chassé, qu'elle
renonce à moi!.... O sentiment
d'une tendresse immortelle! Qu'ê-
tes-vous devenu? Mon chiméri-
que bonheur est détruit; il ne
m'en reste plus qu'un désolant
souvenir! Que mes journées sont
longues! Dix ans ont passé sur
ma tête, depuis que je l'ai quittée.
Je tourne incessamment mes tris-
tes regards vers les lieux d'où je
suis banni; d'affligeantes pensées
me suivent dans mes déserts; je
n'y vois point d'être qui n'ait sa

compagne, & moi je suis seul !
je suis seul dans l'univers ! je ne
connois personne qui tienne à
moi, personne à qui mon sort
soit lié, que mes jours intéressent, qui partage mes desirs &
mes craintes ! Si maintenant j'a-
bandonnois la vie, ma tombe se
fermeroit sans larmes ! Affreux
délaissement ! je ne puis le soutenir ! il flétrit tout ce qui m'environne, & n'offre à mes yeux
qu'une effrayante nudité.

Cependant je serois content de
mon habitation, si je pouvois l'ê-
tre de quelque chose. J'éprouve
que la solitude me fait du bien ;
je respire dans ces campagnes un
air pur qui tempere l'activité de
mon sang. Il y a dans mon voisi-

nage un parc charmant où je fais
des promenades journalieres. Si
je veux me procurer la vue des
côteaux & des plaines, je vais
m'établir fur le fommet d'un ro-
cher voifin protégé par de grands
chênes, où l'ombre & le zéphir
fe trouvent dans l'ardeur du midi.
Je vifite fouvent les environs
d'une abbaye qui s'éleve au milieu de quatre ou cinq vallons :
quelques buiffons paroiffent çà &
là fur les collines dorées par les
fleurs du gênet : le mugiffement
des vaches qui paîffent dans les
environs & le fon de la cloche
monaftique, répandent fur ce
payfage un air de mélancolie.
J'entends de loin les romances
naïves des villageoifes qui chan-

tent pendant la soirée en coupant leurs légumes ; ces voix douces & plaintives ont je ne sais quoi d'attendrissant : je vois le soleil se coucher derriere le château des Ormes que je découvre pleinement, & je me repais de cette vue charmante jusqu'à ce que la nuit arrive : alors je regagne ma chaumiere ; les bonnes gens qui m'ont ouvert leur asyle, m'accueillent avec une joie qui me touche ; je partage leur repas frugal ; je m'amuse du tableau de cette famille vertueuse ; le pere, la femme, les enfans, tout est l'image de la candeur. Comme ils s'aiment ! comme ils sont gais, quand ils reviennent harrassés des travaux du jour ! Ils est donc des êtres heureux fur la terre ! Cette penfée me confole. Eh ! comment ne faifit-on pas ce genre de bonheur qu'on pourroit goûter à fi peu de frais ? Juftine mon hôteffe avoit hier du chagrin, & voici ce qu'elle m'a conté. Jeannette fa filleule eft aimée de Mathurin dont le pere eft un avare : or, ce pere ne veut point confentir au mariage de fon fils avec Jeannette parce qu'elle n'eft pas affez riche ; fi elle avoit deux vaches, leurs fortunes feroient égales, & elle épouferoit fon amant : mais ces deux vaches font beaucoup d'argent, &, dit Juftine, nous ne pouvons les lui donner ; c'eft ce qui fait qu'ils font malheureux & qu'ils paffent leur vie à pleurer. J'ai promis de donner les deux vaches, & j'ai cru que ces honnêtes gens m'étoufferoient de caresses : ils ont amené le joli couple dont j'ai été réellement enchanté. Quel contraste accablant de leur situation avec la mienne ! Ah ! Monsieur ! depuis que j'ai perdu l'espoir d'être heureux, il ne me reste plus d'autre jouissance que celle du bonheur d'autrui. Mais n'admirez-vous pas l'empire de ces viles passions qui tourmentent jusqu'à de pauvres villageois ! Que dans les campagnes où le bras de l'agriculteur fait sa richesse, où deux infortunés se soutiennent & se consolent en associant leur misere, on voie se glisser à travers les haillons de l'indigence un fyftême d'inégalité qui outrage la nature, alors l'indignation s'allume ; le fang bout dans les veines, & on eft tenté de maudire cette race d'orgueilleux vermiffeaux qui fe croyent des êtres privilégiés quand ils font de quelques lignes plus exhauffés que leurs pareils. Quoi ! Dieu les a-t-il formés d'un autre limon que le mien ? Nos cendres feront-elles diftinguées dans le fein de la terre où nous devons tous rentrer, & les vers dont je ferai la proie doivent-ils les épargner ? Oh ! combien ils font cruels, ceux qui s'oppofent au bonheur de deux amans aux-quels il eft accordé fi peu de temps pour en jouir ! Qu'eft-ce

que vingt ou trente ans à paſſer
dans ce monde, & pourquoi faire
des amas de richeſſes comme ſi
l'on devoit être immortel ? C'eſt
une triſte folie de craindre que la
terre ne nous manque ! elle nourrit les oiſeaux du Ciel, & cependant ils ne ſement point ! Providence auguſte ! Être ſouverain
qui gouvernes les ſpheres ! C'eſt
offenſer ta bonté que de porter
ſur l'avenir un œil inquiet &
craintif : tu couvres nos campagnes de fruits, & nous pourrions
avoir des ſollicitudes ! Certes !
plus je réfléchis ſur l'état civil,
plus je ſens combien nos inſtitutions dégradent l'ouvrage de la
nature. Si la ſociété étoit bien
ordonnée, chaque individu ſeroit

à sa place ; j'aurois l'espoir de posséder ce que j'aime , & au moment où j'écris, mes pleurs ne baigneroient point ce papier. Vous, Monsieur, qui témoignez quelque intérêt à mon sort, m'auriez-vous exilé des lieux où j'ai laissé ma vie ? Serois-je errant dans les bois & les rochers , traînant le fardeau de l'existence dans les angoisses de la crainte, incertain de ma destinée , doutant si on ne m'enleve pas mon amante ! O félicité humaine , objet de tous les vœux ! est-il donc si difficile de t'acquérir ?

LETTRE XXVII.

Au même.

JE viens de goûter encore un
instant de bonheur ! Je fors du
château des Ormes. Je fuis parti
ce matin avant l'aurore ; le che-
min difparoiffoit fous mes pas ; à
mefure que j'approchois & que
les tours de cette demeure for-
tunée s'allongeoient devant moi,
j'avois peine à refpirer ; un nuage
déroboit les objets à mes yeux.
J'ai vu un berger qui conduifoit
des troupeaux dans la prairie voifine ; il m'intéreffoit : tout m'en-
chantoit, jufqu'aux arbres de
l'avenue, jufqu'au ruiffeau qui

baigne le pré, jufqu'aux moindres parties de cette campagne
délicieufe. En traverfant les allées
de grands ormes qui conduifent
au château, je me croyois tranfporté dans les bois de l'Élifée:
je regardois autour de moi avec
une avide curiofité. Quand je fuis
entré chez le Concierge, fa petite maifon m'a paru charmante:
j'aimois ces fenêtres entourées de
lierre ; cette tonnelle ruftique
élevée devant la porte ; cet air
d'aifance & de liberté champêtre
qui regnoit dans fa famille : je
lui ai marqué le defir de voir
l'intérieur des appartemens, & ce
bonhomme s'eft offert à m'y conduire. Je ne fongeois pas fans
trouble que j'allois entrer dans la

chambre de Mademoiſelle de Saint-Cyran : quand on ne me l'auroit pas nommée, je l'aurois reconnue à l'émotion que m'a cauſé ſon aſpect : j'ai cru entrer dans un temple : j'étois tenté de me proſterner. Quel charmant aſyle ! des rideaux de taffetas blanc relevés par des rubans, couleur de roſe, deſcendoient en feſtons autour d'une couche modeſte enfermée dans une alcove : quelques livres étoient épars ſur une tablette ; Clariſſe, Grandiſſon, Racine, Deshouliere, & le Spectateur Anglois, compoſoient une partie de cette collection. J'ai trouvé ſur ſon bureau une écritoire & du papier ; un tiroir étoit entr'ouvert ; une chaiſe

placée tout près & tournée de
côté ; on eût dit que Thérese
venoit de la quitter, & je croyois
l'y voir : il y avoit dans le défor-
dre de ces meubles un certain
air animé qui me frappoit. J'ai
obtenu du Concierge la permiffion de me promener quelquefois
dans les jardins, & j'ai commencé,
ce matin même, à les parcourir :
j'étois feul & je m'amufois à gra-
ver fur les arbres, des vers de
Petrarque. Un jour, quand elle
viendra dans fon bocage, fes yeux
fe porteront peut-être fur ces expreffions de l'amour, & mon fouvenir fe réveillera dans fon ame.
Quel raviffement j'éprouvois à
rêver le long de ce canal bordé
de jonquilles & ombragé par des

touffes de lilas ; fur cette terraffe
d'où je découvrois tout l'horifon ; & dans ces allées de vieux
tilleuls qui forment au bout des
parterres un réduit impénétrable
au jour ! Je fuis bien fûr que Thérefe en fait fon afyle chéri ; on y
refpire un calme, une férénité,
un fentiment de plaifir , & je ne
fais qu'elle langueur qui femble
appeller la tendreffe ; je n'en veux
plus fortir ; je m'y établirai , le
matin, avec des livres, un crayon
& du papier : je lirai ; je deffinerai ;
j'écrirai ; je marcherai ; à midi ,
je dînerai chez le Concierge ;
& le foir je retournerai dans mon
hermitage.

O mon ami ! quelle eft donc
la magie des paffions ! tout s'em-

bellit de leur préfence ! aux yeux d'un amant qu'elles enflamment, l'univers prend une face nouvelle : on eft tranfporté fous d'autres cieux, dans des terres inconnues, au milieu des jardins & du palais d'Alcine ; on ne voit plus comme les autres hommes ; on ne fent plus comme eux : un arbre, une fleur, un ruiffeau, tout enchante ! Ah ! je plains bien l'homme indifférent ! il eft privé du plus grand charme de la vie.

LETTRE XXVIII.

Le Curé à Faldoni.

VOTRE absence a déjà produit un bon effet; on a demandé chez M. de Saint-Cyran, & je crois que c'est lui - même, pourquoi vous ne paroissiez plus; j'ai dit que vous étiez à la campagne. Madame de Saint-Cyran qui ne tarit pas sur vos louanges les a répétées avec une abondance de cœur qui m'a charmé. Continuez mon ami! Que les mœurs modernes & les principes vicieux du monde n'alterent point cette précieuse honnêteté qui sert de base aux vertus. Il faut pourtant que je vous gronde fur votre vifite au château des Ormes , & fur l'établiſſement que vous voulez y faire. Ne ſeroit-il pas plus ſage de choiſir un autre ſéjour & d'autres promenades ? vous ne ſauriez trop éviter les indiſcrétions de cette eſpece. J'approuve la roideur de vos ſentimens & votre opinion ſur l'inégalité : mais, mon cher fils ! tous ces beaux raiſonnemens ne corrigeront point les hommes , & les vérités que vous dites n'en feront deſcendre aucun de l'échelon où il eſt monté. Au fond, je n'eſtime pas plus que vous ces gens fiers des avantages de la naiſſance & de la fortune : avec cela, je fais comme tout le monde , & je baiſſe le front devant celui que le hafard place au-deſſus de moi. Notre morale peut nous confoler : mais changer ce qui eſt établi , c'eſt une choſe impoſſible. Jouiſſez de la beauté des campagnes ; élevez votre ame juſqu'à l'Être ſuprême; méditez dans la ſolitude ſur cette foule de malheureux qui languiſ-ſent dans les fers, ou ſur un lit de douleur. Combien en eſt-il à qui votre fort feroit envie, & qui ſouhaiteroient de pouvoir contempler comme vous le lever du ſoleil; & vous oſez murmurer, vous qui n'avez qu'à promener vos regards pour être content ! Quelle maladie vous afflige ? quelles chaînes vous arrêtent ? quels beſoins vous preſſent? Vous

avez

avez tout, la liberté, la santé,
les biens que donne la nature,
& la faculté d'en jouir : mais
d'affreux préjugés vous accablent
de leur joug de fer ; des hommes
superbes élevent un mur de séparation entre un amante & vous !
Eh bien ! voilà le malheur d'un
penchant que la sage raison n'a
point déterminé. A dieu ne plaise
que je prétende ôter à votre
amour tout espoir de succès ! Je
me suis promis de disposer pour
vous le cœur d'une mere, & le
temps, les événemens, votre conduite, pourront me seconder ;
mais rentrez en vous-même, &
dites-moi si la témérité de vos
vœux n'est pas dans ce moment
l'unique source de vos peines ?

Tome I.   G

Ah ! vous pouvez m'en croire ! le bonheur n'eſt point fait pour les paſſions : leurs plaiſirs ſont courts, & leurs maux ſont illimités. Que de larmes elles font répandre ! que de victimes elles ſacrifient ! Combien d'infortunés, aux pieds des autels & dans l'ombre d'un cloître, gémiſſent de les avoir connues ! On vous dit qu'elles ſont le germe de la félicité, des arts & des vertus, & que ſans leur impulſion il n'y a plus de mouvement dans l'univers moral. O mon cher Faldoni ! gardez-vous bien d'adopter cette aſſertion meurtriere ! Sentir & combattre, voilà l'état de la vie. On n'étouffe point l'amour ; on ne l'arrache point de ſon cœur ; mais on doit

le captiver, le contraindre & le
foumettre à la raifon : il en coûte
à l'ame qui s'y force ; mais la
récompenfe eft dans le fuccès de
nos efforts. Je veux vous faire
part de mes opinions fur cet objet ; attendez-vous à une longue
lettre : je vous expoferai le ré-
fultat des réflexions de toute ma
vie, & je parviendrai peut-être
à vous perfuader que le bonheur
n'eft autre chofe que la paix du
cœur, & l'abfence des paffions.

LETTRE XXIX.

Au même.

QUE penseriez-vous d'un Charlatan qui vous diroit que les poisons dont la terre est infectée, sont un bienfait de la nature, parce qu'il en est d'utiles à la Pharmatie, & que les hommes ne peuvent vivre si le Chymiste ne fait couler dans leurs veines les sucs venimeux de la vipere, parce qu'elle entre dans la composition d'une opiate ? Voilà cependant comme un Sophiste ami des passions, dans ses inductions téméraires, tire de quelques faits isolés des conséquences générales ! La nature attentive à notre bonheur nous a donné le fenti-ment intime, l'organe de l'ame, qu'on appelle inftinct, pour nous porter avec impétuofité à cher-cher le plaifir & à fuir la dou-leur : ce penchant ou cette aver-fion conftituent les paffions pri-mitives : mais elles font en petit nombre, parce que le Créateur agit par les voies les plus fim-ples. L'homme abufant de fa li-berté pour multiplier fes befoins, s'eft éloigné de l'ordre naturel & des loix communes à tous les êtres fenfibles : il a fallu modérer ou rectifier fon inftinct égaré dans des routes inconnues ; il a fallu que le foin de fa confervation le forçât de fe replier fur lui-

même , & que l'expérience de
ses écarts lui fit connoître le faux
& le vrai , lui montrât ce qui
nuit ou convient à ses intérêts ,
lui rappellât les vérités éternelles
qu'il avoit perdues de vue dans
un nouvel ordre de choses , & le
dirigeât dans le labyrinthe de ses
volontés : ainsi s'est formé la raison qui n'est proprement que la
perfection de l'instinct. Pourquoi
la raison des Sauvages est-elle si
bornée ? C'est qu'ayant peu de be-
soins, peu d'affections continues,
ils ont peu d'occasions d'exercer
leur instinct & de le perfectionner.
Il y a des passions pour lesquelles
ils manquent de termes , parce
que le langage n'étant que l'ex-
pression de la pensée , le nom de

ces paſſions ignorées ne peut entrer dans le dictionnaire de ces peuples.

Nous avons deux facultés deſtinées à développer l'inſtinct ; c'eſt l'imagination & la mémoire: la premiere reçoit & conſerve l'impreſſion des objets; l'autre en réveille le ſouvenir ; & quand cette impreſſion eſt forte , elle excite un ſentiment actif dont la continuité devient paſſion. On peut ajouter à ces cauſes la pente que nous avons vers l'imitation, la force de l'exemple & l'empire de l'habitude.

On a très-bien dit que les paſſions étoient contagieuſes: vous n'écoutez point ſans intérêt un homme qui raconte ſes infor-

tunes ; vous vous fentez pénétré
des émotions qu'il éprouve ; vous
pleurez en lui voyant verfer des
larmes. D'où vient qu'au théatre
vous êtes affecté tour-à-tour de
douleur & de joie, d'efpérance
& de crainte ? Que vous font les
malheurs de Phèdre & d'Iphigé-
nie ? Que vous importe le fils de
Mérope & l'époux de Zénobie ?
Vous refpiriez, en entrant dans
la fcène, le calme & la férénité.
Que vous eft-il arrivé ? Pourquoi
ces ruiffeaux qui coulent de vos
yeux ? Pourquoi votre fein s'eft-il
gonflé de foupirs ? Avez - vous
appris la mort d'un ami ? Non,
vous pleurez fur des gens qui vi-
voient il y a deux mille ans, &
vous allez remporter des impref-

fions profondes qui troubleront
encore votre fommeil, & fe re-
produiront dans vos fonges.

L'habitude, cette difpofition
qui naît de la répétion fréquente
des mêmes actes, eft favorifée par
notre penchant à choifir ce qui
nous eft le moins pénible. L'inftinct revient conftamment fur les
objets qui lui plaifent : ces re-
tours rendent fon action plus fa-
cile, & il s'abandonne à fon
cours, comme un fleuve fuit le
lit qu'il s'eft frayé. Quand l'habitude eft déterminée par l'édu-
cation, & fortifiée par l'exemple,
elle parvient quelquefois à déna-
turer l'inftinct, à changer le tem-
pérament, à détruire ou affoiblir
les penchans originels. Alors il

se fait un choc de passions diverses , un combat de volontés , une
contradiction de principes : un
homme né paisible devient tur-
bulent, inquiet, laborieux, pour
servir son avarice ou son ambition : un voluptueux ardent pour
les plaisirs, sacrifie leur jouissance
à celle des honneurs & de la ré-
nommée. Qu'au milieu de ces
contrariétés, la raison éleve sa
voix ; qu'elle dise au malheureux
tourmenté de ces discordes : tu
ne dois suivre ni l'aveugle habitude, ni les préjugés de l'édu-
cation, ni tes penchans dégradés ;
c'est à moi seule qu'il faut obéir :
croyez-vous que le bonheur puisse
habiter dans un cœur tirannisé
par tant de maîtres ?

Je veux qu'on doive aux paffions quelques vertus fociales :
mais combien leur doit-on de
vices ? Si elles forment des héros,
que de brigands elles multiplient!
S'il eft des hommes dont elles
font briller les facultés, combien
en eft-il dont elles égarent l'efprit, corrompent le cœur & dé-
rangent l'organifation ? Quand un
moralifte imprudent me vante le
pouvoir des paffions & leurs effets
merveilleux , je crois entendre
un empirique exalter la vertu de
la fievre & l'activité qu'elle donne
au fang.

N'eft-il pas vrai que rien n'eft
plus contraire aux paffions que la
raifon , puifque les unes nous
pouffent continuellement vers les

extrêmes, & que l'autre nous
balance dans un juste équilibre ?
Or, qui doutera que la vertu ne
soit l'objet de cette égalité d'où
résulte l'harmonie de l'univers ?
N'est-il pas honteux d'imaginer
qu'on ne puisse faire des actions
généreuses que dans les accès du
délire ? Quoi ? pour se rendre
vertueux, faut-il anéantir la raison, & l'homme ne sauroit-il être
grand s'il n'est insensé ?

La vertu est l'amour de l'ordre :
tout ce qui s'éloigne de cet accord parfait de la volonté avec
les loix de l'ordre, est donc es-
sentiellement opposé à la vertu.
Eh ! comment les passions qui n'a-
gissent que par des secousses vio-
lentes, des mouvemens irrégu-

liers , des loix arbitraires & di-
verfes , dans cette volubilité de
l'ame, pourroient-elles maintenir
l'équilibre des fens & de la raifon ?

Croyez-moi, mon ami ; le bonheur & la vertu ne font que dans
la modération des fentimens : on
aime un jour doux, une voix flat-
teufe, un vent léger, des parfums
fuaves ; mais des tourbillons ora-
geux, une lumiere éclatante, des
cris aigus , des odeurs fortes blef-
fent nos organes , & laiffent en
nous des impreffions pénibles. La
nature , en nous donnant une organifation délicate, nous apprit à
fuir tout ce qui pouvoit l'altérer :
elle nous montra , par les modeles de la beauté qu'elle a placés

ſous nos yeux, que l'harmonie, la proportion & l'unité de leurs parties ſont la cauſe du charme inexprimable qu'ils nous font éprouver : ſi elle créa des paſ-ſions, elle en borna le cours & les fit marcher d'un pas égal avec les vrais beſoins de l'homme. Auſſi les hordes ſauvages qui con-ſervent encore ſes inſtitutions pri-mitives, ne ſont pas ſuſceptibles de longues émotions ; chez elles la vengeance paſſagere ne ſup-poſe point les trames noires & combinées de nos cœurs corrom-pus ; leur amour n'eſt qu'un ſen-timent phyſique excité par la pré-ſence de ſon objet & fugitif comme la volupté qu'il produit. Mais dans l'état civil, l'ame eſt rendue paſſive par la foule de ſes penchans : dans le bouleverſe- ment des ſens, elle unit les idées les plus diſparates, ſubſtitue les fantômes de l'imagination aux objets réels, ſe ſert de la raiſon même pour juſtifier ſes erreurs, abuſe des mots, des choſes, des principes éternels, & ne s'arrête enfin que lorſque fatiguée & comme engourdie, elle eſt forcée de ſe repoſer dans le tumulte. La nature qui imprima ſur le front de l'homme le type de la penſée, y peint comme ſur une ſcène mobile tous ces troubles intérieurs ; les palpitations de la crainte, les convulſions de la co- lere, les ſoucis de l'ambition, les déchiremens de l'envie, les an-

goiffes de l'amour. Ces fymptô-
mes effrayans annoncent-ils la
félicité? Le citoyen eft-il paifible
quand fa maifon eft la proie des
flammes? Certes, j'admire ces
fcrutateurs du cœur humain, qui
font l'apologie des paffions! Rien
ne les arrête, & l'avarice même
trouve en eux des flatteurs!

Pour connoître un mortel heureux, fixons nos regards fur le
fage : nous le verrons tranquille
dans les fuccès comme dans les
revers ; également éloigné de la
crainte inquiete & de l'efpérance
avide ; jouiffant par un exercice
modéré de fes facultés, de tous
les biens de la nature ; ne fe re-
fufant rien de ce que la raifon lui
permet ; s'abftenant fans effort de

ce qu'elle interdit ; se servant de
la théorie des plaisirs pour en régler l'usage ; faisant à ses principes le sacrifice de ses goûts ;
réprimant les saillies de son esprit quand elles peuvent l'égarer ;
se montrant dans la société l'ami
du genre humain , toujours prêt
à plaider la cause des absens , à
soutenir les droits du foible , à
prôner le mérite modeste ; indifférent sur tous les systêmes , ne
cherchant que la vérité ; n'adop-
tant jamais une opinion sans l'a-
voir approfondie ; jamais ne portant un jugement sans l'avoir mé-
dité ; faisant de ses réflexions la
base de sa conduite , & pour éviter les regrets, n'abandonnant au
hasard que ce qu'il n'a pu sou-

mettre à la prudence. On ne
sauroit avoir plus d'indulgence
pour les hommes : il les sert sans
espérer de reconnoissance ; il fait
plus, car il oblige celui qui songe
à l'outrager, & ne punit son ennemi que par des bienfaits : la
haine n'entre point dans son ame ;
la haine n'appartient qu'aux ames
foibles, aux enfans, aux vieillards ;
elle annonce l'impuissance, &
l'être qui sent ses forces n'a pas
besoin de haïr. Le Sauvage écrase
l'insecte & l'oublie ; le Philoso-
phe se détourne & le laisse vivre.
Il ne connoît ni l'ambition des
rangs, ni l'amour de l'or. Que
lui fait la risible importance d'un
personnage & la puérile vanité
des titres ? S'il étoit capable d'hu-

meur, il en auroit contre l'infensé
qui ne juge de la valeur d'un
homme que fur fes parchemins
& fur les rubans qui le chama-
rent ; mais rien n'altere l'égalité
de fon ame ; les traits du mépris
gliffent fur lui fans l'effleurer ;
il marche à côté du fuperbe fans
l'appercevoir ; il vit dans le fein
de l'intrigue fans être agité par
fon tourbillon : tout l'amufe, rien
ne le bleffe : il ne rencontre point
de rivaux fur fa route, parce qu'il
n'afpire à rien ; il eft accueilli des
hommes, parce qu'il n'a rien à
leur demander. Que pourroit-il
fouhaiter ? des biens, des honneurs ? Il eft perfuadé que la carriere de la vie eft trop courte
pour s'occuper de ces foins, &

il paffe au milieu des fociétés , fon bâton à la main , comme un voyageur qui va partir. Si le monde le fatigue , il fe fauve dans la folitude ; c'eft là qu'entouré de fes livres , il converfe avec les morts fameux de tous les fiecles. Quel entretien vaut celui d'Homere ou de Virgile ? Que les hommes lui paroiffent petits quand il vient de quitter ces génies fublimes ! Qu'il écoute alors avec pitié les phrafes du bel efprit , les lourds propos de la fottife , & les fades confidences de l'amour-propre! Le commerce des mufes le rend inacceffible aux féductions de l'amour : mais il cede à l'amitié , l'amitié , ce befoin de tous les cœurs honnê-

res , que le temps fortifie , que
le malheur épure , qui réfifte au
fort & qui furvit aux paffions.
En effet, de quoi ne confole pas
un ami ? L'amour s'éteint ; le
plaifir a fon terme ; les fortunes
s'écroulent ; les réputations s'é-
vanouiffent : à mefure que nos
années s'avancent, les hommes
s'éloignent de nous : infenfible-
ment, nous devenons étrangers au
monde ; la fociété nous oublie ;
tout fuit vers la jeuneffe & les
graces : réduits à nous-mêmes ,
ou plutôt à nos débris , effrayés
d'être feuls, accablés de langueur
& de mélancolie, nous cherchons
un afyle contre les ennuis de
l'âge, & l'amitié nous le donne ;
c'eft avec elle que nous allons

verſer nos dernieres larmes ; &
lorſque nous quittons la terre,
c'eſt à ſes mains généreuſes que
nous laiſſons le ſoin de jetter
quelques fleurs ſur nos tombeaux.

LETTRE XXX.

THÉRESE à CONSTANCE.

L'HOMME.... Comment l'appellerai-je ? Le protégé de mon pere est venu prendre congé de nous : j'étois à ma toilette quand on l'annonça ; j'enveloppai mes mains dans mon peignoir : car je craignois l'avanture de sa premiere visite. Après une révérence très-froide, je me tins debout & les yeux baissés, tout le temps que mon pere lui parla. Il avoit l'air de la richesse : un habit doré & d'un très-mauvais goût sembloit ajouter à la pesanteur de ses manieres. Il admira mes cheveux qui étoient flottans : mon pere , en riant , m'en fit une double ceinture. L'Indien parut extasié , & levant ses deux grands bras qui m'effrayoient , il s'approcha : je crus qu'il alloit les étendre , comme un serpent , autour de moi ; je fis un cri , & je me sentis prête à défaillir. Vous n'avez jamais vu d'étonnement stupide pareil au sien. Sa bouche resta ouverte , & la contraction de ses nerfs démonta toute sa hideuse figure. Pour moi , je venois réellement d'éprouver une impression d'horreur , comme si j'avois marché sur un reptile venimeux , & mon sang couroit comme dans la fievre. Il se tourna vers mon pere , & lui demanda en bégayant ,

si

ſi je n'avois point d'averſion pour lui : une fille bien née, dit M. de Saint-Cyran avec un ton ſévere, n'a d'autres ſentimens que ceux qu'elle doit avouer, & Mademoiſelle ne peut qu'agréer un choix honorable qui convient à ſon pere. Le malheureux ſourit ; ce ricannement me donna de l'humeur : j'oſai répondre que dans tout ce qui dépendoit de ma volonté, j'obéïrois à mon pere ; mais que je n'étois point la maîtreſſe de commander à mes affections. Il me jetta un regard terrible, & m'ordonnant d'achever ma toilette, il ſortit avec ſon ami. Une heure après, ma petite ſœur accourut toute effrayée, & vint frapper à ma porte : Deſchamps lui ouvrit : elle se mit entre mes genoux. Ma sœur Thérese ! dit-elle, voyez comme le cœur me bat ! Eh bien, Lolotte ! qu'est-il arrivé ? & je l'embrassois pour la rassurer : la pauvre enfant essuya ses larmes, & me conta son histoire. J'étois entrée dans le grand sallon pour étudier au claveçin ; ma bonne m'a laissée seule un instant, & j'ai entendu parler dans le cabinet voisin : on se plaint que je suis curieuse ; mais j'avois bien raison de l'être cette fois-ci ! Je me suis approchée doucement de la porte ; j'ai fixé mes yeux sur la serrure, & j'ai vu papa qui disoit à ma chere maman, en allongeant le bras, (& le petit singe imitoit son geste ;) oui, je faurai bien la faire obéir, ou le couvent m'en fera raifon : Vous êtes trop indulgente , Madame, & c'eft votre bonté qui la perdra. Ma chere maman étoit affife près du bureau ; elle paroiffoit fort chagrine, & de temps en temps elle foupiroit. (Cette bonne mere! J'ai foupiré auffi , & Lolotte me l'a fait remarquer) : elle a pourſuivi : papa marchoit à grands pas, & tout-à-coup il a tiré le cordon de la fonnette. Demandez-vous quelque chofe, a dit ma chere maman ? — Je veux qu'on l'avertiffe de defcendre. — Quoi! dans l'agitation où vous êtes ? Je vous conjure de n'en rien faire ; attendez que vous foyez plus calme. En vérité, Monfieur ! vous me

ferez mourir avec vos fcènes ! Il
ne faut pas beaucoup d'efforts,
& ma fanté eft déja bien chan-
celante. Un domeftique eft entré;
on l'a renvoyé : la converfation
a ceffé. Papa s'eft affis, & il a
refté long-temps les bras croifés,
paroiffant rouler des idées dans
fa tête. Enfuite il s'eft levé brufquement, & il difoit : me tenir
ce langage ! faire rougir l'honnête
homme que je lui préfente ! elle
qui ofoit à peine fouffler devant
moi ! d'où lui vient tant d'audace ?
A-t-elle quelqu'amourette ? Les
filles qui ont le cœur tendre, fe
jettent à la tête du premier venu,
& quand on ferme les portes,
elles fortent par les fenêtres. Ma
chere maman a levé la voix. Vous

oubliez, Monsieur, que Thérèse
eſt notre fille : pourquoi l'outrager injuſtement ? Je n'ai rien
vu dans ſa conduite qui puiſſe
donner lieu à de pareils propos.
Oui, vous verrez, a dit papa,
qu'elle a de juſtes raiſons pour
me déſobéir : au reſte il faut eſpérer que cet exemple ne gagnera
point Lolotte, & que je ſauverai
du moins une de mes filles. O
ma ſœur ! quand j'ai entendu prononcer mon nom, il m'a pris une
palpitation comme celle que vous
avez maintenant, & je redoublois
d'attention. Lolotte eſt une bonne
enfant, a dit maman ; & comme
elle n'a ſous les yeux que des
modeles de vertu, elle ne riſque
point de ſe perdre. Papa hochoit

H 3

la tête : vertu, tant qu'il vous plaira ! mais la premiere est de se conformer aux loix d'un pere, & si des meres foibles ne favorisoient pas cette révolte inouie, il y auroit plus d'accord dans les familles. Ma chere maman s'est mise à pleurer ; & je pleurois aussi. Oh ! que j'en voulois à papa d'être si méchant ! Que j'étois tentée d'aller me jetter dans les bras de cette bonne maman ! mais tout de suite on s'est avancé vers la porte : j'ai couru vîte à mon clavecin, & j'ai joué quelques notes. Papa est entré : que fait ici cette petite fille ? Je n'osois le regarder ni répondre, & je continuois de jouer : il a murmuré entre ses dents le mot d'espion,

& il m'a ordonné de fortir : je m'en allois toute tremblante : il m'a rappellée ; il a pris mes deux mains dans l'une des fiennes, & avec l'autre me menaçant du doigt ; fi vous n'êtes pas foumife, a-t-il dit, vous verrez, vous verrez ce qui arrive aux filles défobéif-fantes ; & il m'a laiffé partir. J'a-vois déja les larmes aux yeux, car il m'avoit écrafé les doigts avec la main dont il me ferroit ; & tenez ! ils font encore rouges ! Enfin je me fuis fauvée, & je viens vous conter tout cela. N'êtes-vous pas contente de moi, pour m'en être fi bien fouvenue ? Mais ne pleurez pas, ma fœur ! car fi on vous fait du mal, je veux le partager avec vous. J'étois attendrie de l'amitié de cette pauvre petite ; je la preſſai dans mes bras & je l'engageai à me rendre compte de tout ce qu'elle entendroit. Cruelle néceſſité ! pourquoi faut-il avoir beſoin de ſurveillans ? Voilà pourtant ce que produit l'extrême rigueur des peres ! Avec quelle émotion j'écoutois Lolotte ! je pleurois, & l'aimable enfant en me parlant jouoit avec les boucles de mes cheveux ! L'heureux âge, & que je lui portois envie !

LETTRE XXXI.

FALDONI au CURÉ.

MON hôtesse a été la nourrice
de Mademoiselle de Saint-Cyran :
il faut l'entendre parler de sa
chere Thérese. Comment répéter
ce qu'elle me dit ? L'émotion me
saisit ; je vois Thérese, au moment
où elle s'approche de sa mere à
qui elle venoit de déplaire ; je
vois Madame de Saint-Cyran re-
tirer sa main qu'elle vouloit bai-
ser, & sa fille tomber à ses genoux, les embrasser, les baigner
de larmes, & lui crier : ô maman !
si vous me refusez votre main,
vous ne me refuserez pas vos
pieds. Ne voyez vous pas cette

tendre mere la relever & l'em-
braffer ? Quel tableau ! il faut
pleurer, Monfieur, comme je
pleure en vous le traçant ; & c'é-
toit un enfant de fept ans qui
tenoit ce langage. Juftine ignore
l'intérêt que je prends à fes récits :
mais comme elle me voit difpofé
à l'écouter, elle paffe des foirées
entieres à m'entretenir : quand il
lui revient de nouveaux traits
qu'elle avoit oubliés, nous en
fommes ravis comme d'une découverte. Elle eft à Lyon depuis
quelques jours ; elle verra fon
enfant : je l'ai priée de lui porter
une corbeille de fleurs, & de les
préfenter au nom de fon mari.

Il tombe ici des pluies conti-
nuelles. Je reviens fouvent inondé

de ma promenade : jamais le printemps ne m'a paru fi trifte ; on
eft obligé de fe chauffer comme
dans l'hiver. Quand j'arrive chez
mon hôte, je fais un grand feu ;
je prends un livre & je refte immobile au coin de la cheminée :
fi quelque fentiment me frappe
au milieu de ma lecture, toutes
mes bleffures fe renouvellent, &
les larmes me tombent des yeux
comme deux ruiffeaux. O que
mon cœur eft malade ! que ma
tête eft foible ! quand finiront mes
peines ! Dois - je labourer long-
temps cette trifte carriere ? Ma
fituation influe fur mon humeur ;
je deviens brufque, inquiet, chagrin : on diroit que la joie d'autrui m'importune !

H 6.

J'étois affis ces jours paffés dans le vallon : j'avois avec moi Montaigne, & je lifois. De petits enfans de villageois vinrent folâtrer à mes côtés ; je n'y fis pas grande attention : mais un joueur de vielle ayant paru , la troupe innocente l'arrêta & le paya pour le faire jouer. J'étois fi fatigué de ce bruit qui troubloit ma lecture , & les fons de l'inftrument étoient fi faux , que je n'y pus réfifter ; je me levai , je mis dans la main du vielleur une petite piece d'argent , & je le renvoyai. Les pauvres enfans furent confternés : je vis le chagrin fur tous les vifages. En réfléchiffant fur mon action j'en fus indigné : voilà donc , dis-je en moi-même,

le privilége des gens riches, celui
de troubler à leur gré l'humble
jouiſſance du peuple ! Avois-je
le droit d'interrompre le plaiſir
de ces enfans ? N'étoient-ils pas
libres ſur leur terrein comme
moi ſur le mien, & ſi j'étois fatigué de leur voiſinage, ne pou-
vois-je pas aller ailleurs ? Affligé
de ces idées, je leur diſtribuai
quelque monnoie pour les dé-
dommager. Une nouvelle réflexion me ſurvint : c'eſt encore,
diſois-je, un des abus de l'opulence de prétendre qu'à prix d'or
on peut réparer les injuſtices
qu'on a fait ſouffrir aux pauvres.
Je vis qu'en effet la troupe n'é-
toit pas contente ; j'allai chercher le joueur de vielle ; je

le ramenai, & je quittai le vallon.

Comment peut-on affliger ces
aimables créatures dont la foibleffe & la candeur femblent
folliciter notre amour ? Je ne
vois jamais un enfant que je ne
fonge à mes premieres années ;
je me retrace avec une émotion
délicieufe ces plaifirs purs, cet
enchantement d'un bonheur fans
mélange que je n'ai plus retrouvé.
Hélas ! où font maintenant les
charmes de ma vie fcolaftique ;
& ces congés fi défirés, ces promenades faites dans les campagnes avec mes condifciples ! Toutes ces félicités font perdues pour
un autre âge. Quand nous devenons de grands enfans, en fom-

mes nous plus heureux ? Cette
froide raison qui vient simétriser
nos plaisirs, cet art de vivre qui
n'est que l'art de s'ennuier, cet
usage du monde qui ne sert qu'à
masquer la fausseté du cœur, &
ces sociétés où les vices sont
présentés sous des formes décen-
tes ; tout cela m'a fait regretter
souvent mes jeux de balles, mon
sabot & mes vacances. Maintenant encore quand je retrouve
mes anciens livres de classes, leur
vue me fait soupirer. Comme
j'étois content ! Avec quel transport je goûtois la demi-heure
de récréation qui séparoit l'étude
& le repas ! Quel chagrin quand
la cloche fatale interrompoit les
jeux pour nous renvoyer dans les

claſſes ! Je ne puis penſer ſans être ému à la maiſon où je fus élevé, & les lieux qui me rappellent les premieres voluptés de mon enfance, me font une impreſſion toujours nouvelle.

J'ai fait conſtruire dans mon jardin un berceau parfaitement ſemblable à celui où j'étois auprès de vous & de Mademoiſelle de Saint-Cyran, dans cette fête que je n'oublierai jamais : un ruiſſeau y coule également, & le même banc s'y trouve. C'eſt-là que je paſſe des heures délicieuſes, rêvant à vous, à elle, à tout ce que j'ai quitté. Quand je vois, le ſoir, ces villageois contens qui reviennent de leur tâche journaliere, le bucheron couvert de ramée, le berger qui reconduit ses troupeaux , tout ce peuple joyeux qui retourne en chantant, je porte envie à fon bonheur. Ce n'eft point chez lui que les vains defirs fermentent : les angoiffes mélancoliques de l'amour n'y trouvent point d'accès. Je fuis quelquefois tenté de pouffer la charrue que le laboureur mene dans les champs , & de creufer avec lui le fillon. Si ces travaux pouvoient me foulager ! mais rien n'allége mon fardeau ! je fuis devenu taciturne & morne ; on ne m'entend plus parler : une fecrette langueur m'a toujours rendu pareffeux à m'énoncer : j'aime peu le monde ; je le crains ; je m'en défie , & j'ai depuis long-temps appris à me suffire. Je sens l'abus de cette retraite. L'homme isolé devient triste & misantrope : le tableau des afflictions humaines qu'il se retrace dans le silence, ne peut être égayé par les scenes mouvantes de la société : c'est alors qu'il se repaît constamment de ses réflexions ameres : c'est alors que l'amour tonne dans un cœur ouvert à ses orages, & fait couler dans les veines un ruisseau de flammes. O mon ami ! avec quel éclat elle se présente à moi dans le fond de mes déserts ! combien je l'aime ! sa voix, ses regards, ses moindres mouvemens, tout me frappe au moment où je vous écris. Divinité de mon cœur ! peine & délices de ma penſée ! n'êtes-vous plus rien pour moi ? ne dois-je plus vous revoir ? Le printemps m'impatiente ; je voudrois quelquefois que ces campagnes fuſſent couvertes de neige, & que le fleuve ſe débordât. Le temps marche avec une lenteur qui m'accable. Hélas ! il en eſt pour qui ſa courſe eſt paiſible : ils le conduiſent doucement, & moi je le précipite avec violence ; je le chaſſe avec humeur, juſqu'au moment où il s'arrêtera pour m'engloutir.

LETTRE XXXII.

Au même.

NE m'envoyez plus de livres, mon cher Mentor : je lis rarement. Que m'apprendroient les hommes & leurs livres, quand j'ai fous mes yeux le magnifique tableau de la nature ? O ! fi mon ame étoit dégagée de foins ! qu'il me feroit doux de fuivre au milieu de mes agreftes folitudes, les végétations infinies des plantes, la marche des faifons & les révolutions de ces aftres qui répandent fur mes promenades nocturnes, un attrait délicieux ! Je fais, tous les matins, trois ou quatre lieues à pied ; j'ai befoin de ce mouvement pour tromper l'activité qui me confume. J'ai lié connoiffance avec un chien à qui j'avois donné l'hofpitalité : nous ne nous quittons plus : quand je fors, il trote devant moi. Je marche en lifant, où en rêvant ; je vais où il me plaît ; je m'arrête quand je le veux ; je ne fuis point l'efclave de mes valets, ni de mes chevaux ; je ne fuis point affujetti à fixer l'heure de mon départ, ni celle de mon arrivée ; je ne fuis point condamné à dîner, ni à dormir dans une auberge incommode : fi je veux deffiner un payfage qui me flatte, je prends mon crayon : fouvent je vais chercher au fommet d'une montagne,

un arbre qui s'élance d'une maniere pittorefque , où l'ombre de
quelques faules penchés fur le
bord d'un étang, où l'abri d'une
épaiffe forêt dont l'entrée forme
au loin une arcade de ténebres,
tandis que toute la contrée eft
brillante de lumiere. Le charmant
plaifir que celui de voyager ainfi!
Je me fouviens de l'émotion
que j'éprouvois , lorfqu'en che-
minant , je voyois les premieres
couleurs de l'aurore percer le
crépufcule , quand je fentois le
zéphir du matin agiter mes cheveux, & que mes pieds chaffoient
devant eux la rofée qui baignoit
le gazon. Avec quel raviffement
je contemplois le foleil levant
qui projettoit fes rayons fur les

montagnes & fur les plaines !
Bientôt un appétit robufte excité
par le grand air & l'exercice,
m'avertiffoit de m'arrêter : je me
fourniffois au prochain village
d'une provifion de pain & de
fruits & quand je trouvois un
gîte convenable à ma fenfualité
ruftique, j'y prenois mon repas :
je choififfois ordinairement les
bords d'une fource vive, une
prairie bien verte, & quelque
pauvre cabane où j'étois attiré
par l'odeur de la laiterie : fi je
rencontrois fur ma route un honnête voyageur dont la phifiono-
mie me prévenoit, je l'abordois ;
nous marchions enfemble, & je
le quittois quand je voulois être
feul.

Ce matin, j'étois forti de très-bonne heure : après avoir fait le tour du château des Ormes, je me fuis enfoncé dans une vallée qui, en s'ouvrant, m'a laiffé voir une plaine immenfe & variée par le payfage le plus champêtre : le Rhône s'y promenoit avec orgueil, & fembloit quitter à regret ces belles campagnes. Je marchois légérement, & mes efprits animés par le fpectacle enchanteur que j'avois fous les yeux, me donnoient une gaieté dont je m'étonnois moi-même. J'ai rencontré un vieillard, qui revenoit de la forêt, chargé de bois : des lambeaux d'uniforme dont il étoit à moitié couvert, atteftoient fon ancien métier. J'honore les vieux foldats:

foldats : il y a dans leurs vifages ridés, je ne fais quoi de vénérable & d'impofant. J'ai abordé le bon homme : entre gens fimples comme nous , la liaifon eft bientôt formée. Il m'a parlé de l'aînée de fes filles, qui fait la plus grande peine de fa vie : elle aimoit un jeune payfan qui eut le malheur d'être enrôlé dans la milice, & qui fut tué peu de temps après : la pauvre enfant ne s'en eft jamais confolée : fes organes trop délicats n'ont pu réfifter à cette perte, & fa tête s'eft dérangée. L'efpoir de lui porter quelques fecours m'a fait défirer de la voir ; j'ai prié le vieillard de me conduire chez lui ; je me fuis chargé d'une partie de fon fardeau, pour aider

la lenteur de ses pas, & nous
sommes arrivés dans sa cabane.
J'ai vu au fond de la chambre
une jeune fille assise dans un fauteuil : la pâleur de son visage,
l'air de langueur & d'égarement
répandu dans ses yeux & les soins
qu'on lui rendoit, m'ont annoncé
cette triste victime de l'amour.
Je me suis approché d'elle avec
un certain respect mêlé de frayeur,
que j'ai toujours éprouvé à la vue
d'un infortuné. Ma chere Agathe,
lui a dit son pere, voilà Monsieur
qui vient pour te consoler. Elle
m'a regardé fixement ; elle a sou-
piré, & avec son doigt qu'elle
agitoit elle m'a fait signe que
c'étoit un soin inutile : j'avois
peine à retenir mes larmes ; elle

les a vu couler, & elle m'a dit :
est-ce mon cher Alain que vous
pleurez ? Ah ! Monsieur, si vous
l'aviez connu ! c'étoit le jeune
homme le plus doux, le plus
humain ! mais il n'est plus ! il n'est
plus ! & elle fondoit en larmes.
Tout-à-coup elle a tiré de son
sein un papier qu'elle a pressé de
ses levres, & ses sanglots ont
redoublé ; elle me l'a présenté.
Pauvre, pauvre Alain, disoit-elle !
voyez ce qu'il m'écrivoit ! j'ai lu
une lettre d'un style naïf & touchant, où l'amour s'exprimoit
avec toute la simplicité de la
nature : ne la gardez pas, s'est-
elle écriée en tendant le bras
pour la reprendre ; c'est tout ce
qui me reste de mon cher Alain,

avec fon chapeau que voilà : elle s'eft fait apporter ce chapeau : elle le tenoit contre fon cœur ; elle le baifoit ; elle lui parloit ; elle écoutoit & elle faifoit des geftes de douleur & de défefpoir : enfuite elle s'eft tournée vers moi ; elle a dit en joignant fes mains & le vifage inondé : quand eft-ce qu'il reviendra ? Je vais tous les jours fous l'arbre où nous nous fommes quittés. Ah ! Monfieur ! que j'ai pleuré de fois fous cet arbre ! Il eft auprès de la maifon : quand je le vois, il me vient des penfées qui me déchirent. Mais je veux vous apprendre une chanfon que j'ai faite : elle a chanté auffi-tôt ces paroles d'un ton à nous brifer le cœur :

Adieu mon pere ! adieu ma mere !
Je vous dis adieu pour toujours ;
Je vais defcendre dans la terre ,
Et dormir près de mes amours.

J'éclatois ; j'avois un nuage de pleurs fur les yeux : fa mere l'a ferrée dans fes bras : tout le monde fanglottoit. Maman, a-t-elle dit, je fouffre beaucoup ; la tête & le cœur me font mal ; & voyant cette pauvre mere éplorée : confolez-vous donc, chere maman ! Non, non, je ne fouffre plus : regardez-moi, Monfieur ! eft-ce que je pleure ? Et elle a pris ma main qu'elle a portée fur fes yeux : puis elle s'eft levée brufquement : je m'en vais ; je vois bien que je chagrine ici tout le monde. Non, ma chere enfant !

nous fommes tous joyeux, a dit fa malheureufe mere : elle a pris la main de fon autre fille & la mienne ; elle s'eft mife à danfer avec nous, & les larmes tomboient par ruiffeaux de fes yeux. Je veux danfer auffi, a dit Agathe : maman ! chantez cette contre-dance qu'Alain jouoit fur fa flûte, cet air que j'aimois tant ! Sa mere a chanté ; Agathe eft tombée dans un état épouvantable ; elle a fait des hurlemens ; elle s'eft jettée à terre ; elle appelloit la mort : à la fin de cet accès, l'in-fortunée a perdu connoiffance, & on l'a portée fur fon lit : je fuis forti faifi de cette fcène ef-frayante, marchant au hafard, pleurant, gémiffant, malade ,

égaré, presque fou. Qu'avois-je
besoin d'un pareil objet ? Nai-je
point assez de mes maux ? Je disois : voilà peut-être le sort qui
m'attend ! Que je serois heureux !
C'est la réflexion qui nous tue :
c'est la raison qui empoisonne
nos blessures. Eh bien ! je ne
penserois plus ; je ne raisonnerois
plus ; je vivrois comme le brutes ;
je n'aurois que la plaie de mon
cœur, & le temps pourroit la
fermer. Oui, réellement, je voudrois quelquefois que mon esprit
se perdît dans le vague des idées,
& qu'il ne me restât pas même
un souvenir de mon premier état.
Aimer sans espérance ! avoir éternellement devant les yeux l'image
d'un avenir désolant ! être banni

par celle que j'aime, & l'adorer
encore ! En la fuyant , fentir mon
ame fe divifer pour la fuivre !
Quel fupplice ! Et je n'envierois
pas le fort d'Agathe ! Ah ! mon
ami ! eft-ce donc un fi grand mal
de perdre la raifon ?

LETTRE XXXIII.

Au même.

Mon pere me rappelle auprès de lui : il eſt malade. Je ſuis peut-être au moment de le perdre ! Je cours à Lyon. Je ne puis partir ſans avoir vu Mademoiſelle de Saint-Cyran ; pardonnez ſi j'enfreins vos loix ; faites grace à mon trouble ! O ciel ! il faut m'éloigner, & dans quel temps !

I 5

LETTRE XXXIV.

THÉRESE à CONSTANCE.

AH ! Conftance ! que penfer de
de ce qui m'arrive ! Je doute fi
c'eft un fonge. Hier j'étois auprès
de ma mere quand Faldoni fe
préfenta : il alloit faire un voyage
à Livourne , où le danger de
perdre fon pere le rappelloit ,
& il venoit prendre congé de
nous : à ce mot de congé il fe
baiffa ; fon émotion étoit vifible
& moi troublée, faifie de frayeur,
je laiffai tomber mon ouvrage :
il me prit un friffon, & je reftai
comme immobile. Madame de
Saint-Cyran lui témoigna le defir

de le revoir, & l'invita beaucoup
à revenir à Lyon, si la santé de
son pere le lui permettoit : elle
ajouta qu'il étoit sûr d'éprouver
en tout temps le même accueil
dans une maison où il s'étoit con-
cilié l'estime & l'amitié de tout
le monde : mais , poursuivit-elle
en le voyant porter son mouchoir
à ses yeux , pourquoi cet excès
de sensibilité ? ce n'est pas un
adieu éternel que vous nous dites;
votre absence peut être abrégée;
le ciel, en faveur d'un pere , peut
faire des miracles : vous revien-
drez, M. Faldoni ; vous nous re-
trouverez les mêmes, & dans les
dispositions où vous nous laissez.
Elle appuyoit sur ces paroles. Il
se leva pénétré ; & se penchant,

fur fa main qu'il preffoit de fes levres : ah ! Madame ! que vous êtes généreufe ! Pardon de ma foibleffe ! Pardon, fi je vous rends le témoin de ma douleur ! Mais j'ai eu des chagrins, & vous voyez qu'ils fe multiplient. Ses pleurs le forçoient de s'interrompre. Vous parlez de vos chagrins, reprit le modele des femmes ; y a-t-il de l'indifcrétion à vous ramener fur cet objet ? Ne puis-je les adoucir ? Regardez - moi comme votre amie ! J'écoutois, chere Conftance, & je n'avois point affez d'oreille : à tout mo-ment je tremblois que le fatal fecret ne lui échappât : mes yeux voloient fur fa bouche. Daignez m'entendre, continua-t-il ; vos

bontés m'encouragent à vous demander une grace, & je la demande à genoux ! Il tomba aux
pieds de ma mere qui le releva
fur le champ. Je frémis à ce mouvement : qu'alloit-il dire ? J'étois
dans des tranfes mortelles ; je me
levai, & j'allois fortir : il me re-
tint. Non, Mademoifelle ! il faut
que vous m'entendiez auffi : vous
allez vous marier..... Eh bien, dit
Madame de Saint-Cyran , quel
intérêt prenez-vous à l'établiffement de ma fille ? — Quel intérêt?
Madame ! celui de ma vie , de
mon bonheur : s'il eft vrai , la
grace que je demande, c'eft d'être
pour jamais banni de votre vue.
Ah ! vous ne favez point jufqu'où
va mon imprudence ! J'ai levé les

yeux fur un objet que je ne devois point contempler ; j'ai eu l'audace d'offrir mes vœux à Mademoifelle, moi, grand Dieu ! que la fortune a féparé d'elle par un intervalle immenfe ! Que vouliez-vous ? J'étois un infenfé ; j'en conviens, je le fuis encore : fans doute on a eu pitié de mon délire ; on a daigné me faire grace ; je méritois d'être puni par un exil éternel : mais je m'adreffois à un ange ; fon indulgente bonté n'a vu en moi qu'un malade qu'il falloit ménager. Je me fuis mépris lourdement ; je croyois remarquer un retour favorable dans ce qui n'étoit qu'humanité : vous voyez combien je prenois le change. Ma paffion m'expofant continuellement à me trahir , cette ame céleste m'a forcé de m'éloigner. Je ne vous dirai pas tout ce que j'ai souffert dans ma solitude , n'osant approcher des lieux qui m'étoient fermés , & n'aspirant qu'à mourir. Enfin j'allois , le désespoir dans le cœur , partir de ce triste asyle pour rendre peut-être le dernier devoir à mon pere. J'allois chercher de nouveaux sujets de larmes , lorsqu'en arrivant ici , j'ai appris la nouvelle de cet hymen. O Madame ! ô Mademoiselle ! Non , la foudre ne produit pas un effet plus terrible : je suis resté sans mouvement & comme frappé de la mort! En me réveillant de cette létargie , j'ai couru chez moi comme

un furieux : mon premier mouvement, je l'avoue, & j'en demande pardon au ciel, étoit de
m'arracher la vie : mais l'espoir,
l'espoir qui n'abandonne jamais
le plus infortuné, m'a fait douter
de la vérité de ce rapport ; j'ai
voulu m'en informer à vous-
même, & je vous conjure, par
ce qu'il y a de plus sacré, de
m'annoncer ma destinée. Je ne
sais, dit Madame de Saint-Cyran,
si dans l'état où vous êtes je dois
vous répondre. Vous me paroissez
hors de vous-même ; & avant
d'examiner si une mere peut rai-
sonnablement satisfaire à votre
demande, je voudrois vous voir
plus calme. — Eh bien, Madame,
je suis tranquille ; je ne le serai

pas davantage quand la derniere heure fonnera pour moi. Parlez, je vous en fupplie. Je vais parler, dit la plus tendre des meres : mais ne m'interrompez point. Vous êtes jeune, M. Faldoni ! votre cœur eft fufceptible d'impreffions fortes : mais heureufement vous avez de la fageffe, & en travaillant fur vous-même, vous pourrez revenir de vos erreurs. D'autres meres que moi vous auroient peut-être écouté moins tranquillement. Vous favez, Monfieur, & les loix de l'honneur vous l'ont appris, qu'il eft contre la probité de porter des vœux fecrets à une Demoifelle. Que voulez-vous donc que je dife, moi qui fuis la mere de cette enfant, à vous,

Monfieur , qui venez m'avouer
des chofes que je ne puis approuver ? Dois-je , comme vous le
demandez , vous fermer ma maifon ? Je n'aime pas les remedes
violens , & votre franchife mérite
de l'indulgence : il y a plus ; je
n'ignore pas vos fentimens ; &
peut-être qu'en me les déclarant
vous avez trouvé le feul moyen
de me défarmer : mais puis-je
excufer votre conduite, & n'avez-
vous point de torts envers nous ?
En fuppofant que deux jeunes
gens qui fe plaifent foient mu-
tuellement féduits par l'amour ,
vous conviendrez au moins qu'un
homme dont les principes doi-
vent être mûris par l'expérience ,
eft plus condamnable qu'une fille

de dix-huit ans : je ne dis pourtant pas ceci pour juſtifier Mademoi-ſelle, & je me réſerve, dans un autre moment, de lui témoigner ce que je penſe. Au ſurplus, voici où je voulois en venir : ſi vous avez jugé que cet amour fût contraire aux loix reçues dans la ſociété, pourquoi vous le permettre; & ſi vous l'avez cru légitime, pourquoi m'en avoir fait un myſtere ? Répondez à ce raiſonnement, & quand vous m'aurez ſatisfaite, je pourrai conſentir à vous informer du ſort de ma fille. Ah, Madame ! s'écria l'imprudent, que la raiſon eſt forte quand le cœur eſt tranquille ! Mais quelle ſituation que la mienne ! Aimer ſans l'eſpoir d'être agréé !

voir contre mon penchant toutes
les forces humaines réunies, &
ne pouvoir me vaincre ! Que de
combats n'ai-je point livrés avant
d'ofer parler ? Le ciel feul a vu
mes larmes ; je rongeois mon
frein ; je m'enfonçois dans les
déferts en rugiffant comme un
lion ; le fommeil, la joie, la
tranquillité , tout m'avoit aban-
donné. Las de lutter, il a fallu
céder. L'homme eft-il invincible,
& fa puiffance n'a-t-elle point
des bornes comme fon courage ?
Ne pouvant me réfoudre à remporter mon fecret dans le tombeau, je l'ai dépofé dans ce cœur
innocent comme je l'aurois mis
aux pieds des autels ; & j'attefte
ici Dieu qui m'entend, que je

fuis le feul coupable ! Ne con-
damnez point la plus vertueufe
des filles ; elle a rempli toute
l'étendue de fes devoirs. Je ne
le crois pas, dit cette bonne mere ;
ma fille , au premier mot qui vous
eft échappé , auroit dû m'en inf-
truire. Ici, Conftance ! la coupable s'eft levée tremblante & pouvant à peine fe traîner , elle s'eft
approchée de fa mere & s'eft
laiffé tomber à fes genoux , les
bras étendus & le vifage inondé
de larmes. Pardon, pardon , Madame ! au nom du ciel, faites
grace à ma foibleffe ! Je fuis plus
criminelle qu'on ne vous l'a dit :
oui , je le fuis , pourfuivois-je en
baifant fes pieds : vous ne connoiffez pas toutes mes fautes ; il

faut vous les apprendre. Je me fentois comme élevée au-deffus de moi-même : une infpiration célefte étoit en moi. Voyez, ai-je dit, en mettant des papiers fous les yeux de ma mere ; voyez mon crime ! Voilà les lettres que j'ai reçues ; qu'on vous livre mes réponfes ! Madame de Saint-Cyran s'eft levée avec un air de dignité & de grandeur ; & me laiffant profternée dans la place où j'étois, elle s'eft avancée vers Faldoni qui s'éloignoit dans le mouvement de fa frayeur ! Qu'ai-je entendu, Monfieur ? Vous avez ofé écrire à ma fille ! écrire en fecret ! Si je n'écoutois que mon reffenti- ment, ma fille feroit demain dans un cloître, & vous ne reparoîtriez

jamais devant mes yeux. Mais
comment juftifierez - vous cette
audace ? Moi, la juftifier, Madame ! s'eft-il écrié avec chaleur;
eh ! ne vous ai-je pas dit que
j'étois un infenfé, que le délire
m'égaroit, que j'avois oublié tous
les principes ? Sans cet ange, dont
la vertu m'a fauvé, qui fait jufqu'où j'aurois été ? Ne l'en croyez
point, Madame, quand elle s'accufe. Voici les feules lettres que
lui ont arraché mes inftances :
daignez les lire, & rendez juftice
à l'innocence ! quant aux miennes,
elles portent leur excufe : vous
y verrez le langage du délire, &
vous ne pourrez que me plaindre.
Non, Monfieur, a repris grave-
ment ma généreufe mere, rien

ne peut excufer ce procédé , &
le ftyle ne fait rien à la chofe.
On n'a donc qu'à fe livrer à tous
les crimes imaginables , en s'ex-
cufant fur fon délire ! Certes ,
où en ferions-nous , s'il falloit
admettre un pareil prétexte ? Au
refte , qu'un jeune homme , qu'un
étranger qui ne tient à aucun des
nœuds de la fociété où il vit ,
cherche à furprendre par des
voies détournées le cœur d'une
fille imprudente ; je n'en fuis point
étonnée : mais que cette fille
élevée dans les fentimens de
l'honneur , & dont le fang ne lui
a tranfmis que des modeles de
vertu , ofe s'abandonner au point
de répondre à des lettres furtives ;
voilà ce qui m'indigne , & je ne

m'attendois

m'attendois pas à trouver cet exemple dans l'un de mes enfans! Je vous dois cette découverte, Monsieur : elle me coûte cher! Vous m'apprenez ce qu'il faut penser de ces jeunes téméraires qui, pour être reçus avec bonté dans une famille, croient avoir le droit d'y porter le désordre, & laissent, en y allumant des feux indiscrets, les vestiges de leur passage. Je me suis traînée sur mes genoux jusqu'à la place où étoit mon juge. O! Madame, au nom du ciel! Qu'on me jette dans un cloître ! c'est la seule grace que j'implore : je n'ose plus regarder ma mere ; je ne pourrai plus soutenir sa présence : & je touchois la terre de mon front

Tome I.   K

en pouffant des fanglots. Levez-
vous, m'a dit cette tendre mere
en m'embraffant ; que cette leçon
vous apprenne à vous défier de
vous-même ; & vous, Monfieur,
obfervez mieux à l'avenir les loix
de la décence ! Vous avez de
bons amis ; on m'a parlé de vous
avec chaleur & zele, & des gens
que je confidere paroiffent vous
eftimer : d'ailleurs, il faut bien
que vous poffédiez un mérite réel
pour avoir fu gagner le cœur de
ma fille. Ces motifs me font
regretter que vous n'ayez point
annoncé vos defirs avec l'honnêteté qui convient : vous pouviez
être agréé, parce qu'il n'entre
pas dans mes principes de m'atta-
cher aux feules confidérations de

fortune ou de naiffance dans le choix de l'époux que je deftine à ma fille ; l'homme que j'aurois éloigné feroit peut-être le feul qui pût la rendre heureufe, & je ne voudrois pas qu'elle eût à me reprocher de lui avoir jamais ôté la moindre portion de fon bonheur. Ah ! ma mere ! c'eft le feul mot que j'aie pu prononcer, & je me fuis laiffé retomber fur mes genoux devant cette femme célefte que j'entourois de mes bras. Je pleurois ; je tremblois ; je voulois parler ; je fentois à la gorge comme un lien qui me ferroit : mon cœur étoit dans un tumulte inexprimable. Faldoni s'eft auffi précipité à fes pieds ; elle l'a relevé fur le champ : que faites-vous, a-t-elle dit ? Si je compâtis à la foiblesse de ma fille, je ne dois pas à son séducteur la même indulgence. Allez remplir vos devoirs, Monsieur : le temps m'apprendra si je dois vous pardonner. Il a fait une inclination profonde, & s'est hâté de sortir, en essuyant ses larmes.

Nous partons demain pour la campagne : mon pere nous a devancés ; les paquets sont faits ; tout est enlevé ; à peine ai-je du papier pour vous écrire. Adieu, adieu, chere Constance ! il semble que je m'en aille au bout de la terre. Eh ! qu'importe où je vais ? Je suis sûre de ne pas l'y voir.

Je perds Lolotte qu'on va

mettre au couvent : mais M. le
Curé réfigne fa cure que fon âge
ne lui permet plus de deffervir,
& il a promis à ma mere de la
fuivre aux Ormes.

LETTRE XXXV.

A la même.

QUAND viendras-tu donc me voir ? tu fais qu'en me féparant de toi, j'en obtins la promeffe de ta mere. Attendras-tu que les chaleurs rendent ton voyage impraticable ? Viens, coufine, ah ! viens promptement ! Mon cœur eft dans une affreufe mélancolie. Que le temps eft long, quand on eft feule dans la nature, & qu'on ne tient à rien ! Je regarde autour de moi, & je ne vois perfonne qui puiffe me comprendre & me répondre. Qu'eft-il devenu ? Que fait-il ?

Où est-il ? depuis un mois qu'il est parti, je n'entends plus parler de lui. Peut-être il pleure un pere : ce silence m'accable : l'ennui de la vie que je mene se joint à mes tourmens secrets. J'ai sans cesse à soutenir la présence du plus sévere des hommes. Hélas ! il me fait un crime de ma tristesse & de l'état de langueur où je suis : il me reproche les maux que je souffre, comme si je pouvois les éviter ! Je vois que ma mere est sensible à mes peines, mais qu'elle n'ose le témoigner. O mon amie ! où es-tu pour me consoler ? presque tous ces gens qui m'environnent me sont étrangers. Le désœuvrement de la campagne où l'on se trouve plus réuni qu'à

la ville, fait que je fuis obfédée
d'importuns. Mon frere arrive de
fes voyages : j'étois fi jeune ,
quand il eft parti , qu'il m'eft
abfolument inconnu. Que de per-
fécutions peut-être il me pré-
pare ! je ne jette qu'avec effroi
mes regards fur l'avenir, & quand
je fonge à cette lueur de félicité
dont je viens de jouir pendant
quelques mois , mon cœur fe
refferre ; le chagrin me faifit :
j'ai regret de n'avoir point fuivi
le mouvement qui me poufloit
vers la retraite. Je fais aujour-
d'hui ce que je ferai demain, ce
que je ferai dans huit jours ; c'eft
une allure monotone qui me fatigue. On fe promene machinalement ; on fait le tour de ces

grands bois qui ne difent rien ;
on prend des livres qu'on ne lit
pas, & l'on finit par s'ennuier.

LETTRE XXXVI.

A la même.

Mon frere est arrivé : depuis son retour, nous sommes dans les fêtes & dans les visites : il faut recevoir tout le voisinage , & courir d'une terre à l'autre : c'est un mouvement perpétuel. Ton cousin, ma chere Constance, est grand & bien fait ; il a de l'élégance dans les manieres : mais je le trouve un peu railleur , & je reconnois à ses airs de hauteur, le digne fils de mon pere. Il me témoigne des attentions particulieres, & nous n'aurons pas de peine à nous lier , s'il veut s'y prêter. Il est doux d'avoir son frere pour ami : c'est une disposition faite par la nature ; on n'a qu'à la suivre. Un frere est un autre nous - même ; c'est notre sang qui coule dans ses veines ; c'est le même flanc qui nous a portés. Pourquoi la simpathie de caractere ne se trouveroit - elle pas dans nos ames, quand d'ailleurs toutes les choses sont tellement confondues, qu'elles paroissent ne faire de nous deux qu'un seul être ? Je suis très-portée à le chérir : mais la confiance, l'intimité, cet abandon du cœur, ces délicieux épanchemens, ah ! cousine ! ces biens n'appartiennent qu'à l'amitié, & le sang n'a rien à dire à tout cela ! L'amitié ! le

plus beau des bienfaits du ciel!
Ce n'eſt pas l'ouvrage d'une heure
de l'obtenir & de la mériter! Il
faut l'épreuve de toute la vie ; il
faut, comme nous, avoir vécu
dans le cœur l'une de l'autre,
dès la plus tendre enfance ; avoir
déployé, dans les différens événemens, toute l'énergie de ce
ſentiment ; il faut, pour ainſi
dire, s'être uni de toutes les forces de ſon ame à l'objet de ſon
penchant, & c'eſt ce que nous
avons fait. Avec quel attendriſſement je me rappelle les premiers
temps de ma vie, avant que les
affaires de Madame d'Armiane
l'euſſent forcée de t'emmener à
Paris ! Je vais ſouvent revoir ce
couvent où nous fûmes élevées,

ce jardin qui étoit le but journalier de nos promenades, ces bonnes Religieufes qui nous aimoient. Heureux âge, où l'ame eft libre, où la joie eft pure, où les fouvenirs n'ont rien d'amer ! Il s'échappe avec l'enfance ; il fe perd, mon amie, comme toutes les chofes de la nature, & ne laiffe après lui que des plaifirs trompeurs & des peines trop réelles. Quand nous nous fommes quittées, combien ce moment nous fit verfer de pleurs ! Que de promeffes de nous revoir un jour, pour n'être plus féparées ! Combien de fois dans nos embraffemens, avons-nous juré d'être à jamais unies ! Nous raifonnions comme des enfans : rien ne pa-

roiſſoit impoſſible à nos vœux :
nous franchiſſions l'eſpace qu'alloient mettre entre nous les ha-
ſards & toutes les chances de la
vie. Je me ſouviens encore de
nos adieux, de ces gages donnés
& reçus, de ce tilleul pris à témoin de nos ſermens : tu vois,
couſine , où nous en ſommes !
actuellement éloignées comme ſi
nous vivions aux deux bouts de
la terre, à peine avons - nous la
liberté de nous écrire , & ce n'eſt
pas ſans précaution. Que d'efforts
n'as-tu pas faits pour obtenir ici
qu'on me laiſsât paſſer quelques
mois auprès de toi ? Cruelle ! ah !
cruelle Conſtance ! pourquoi l'as-
tu ſollicité ce fatal voyage ? Que
ne reſtois-je dans des lieux où

rien ne m'intéreffoit ? Hélas ! eft-
ce bien toi que j'en accufe ? Ne
devois-je pas fuivre ma deftinée ?
puifqu'il étoit écrit que l'infortune m'attendoit à Paris, aurois-
je pu l'éviter ? Je bénirai toujours
le temps où je t'ai vue, où tes
confolations touchantes modé-
roient mes peines. Tu m'avois
prédit tout ce qui m'arrive : mais
en même-temps, avec quelle
bonté tu favois oppofer à toi-
même, à tes réflexions, les aimables chimeres de l'avenir ! Combien de fois tes larmes fe mêloient aux miennes, lorfqu'après
d'humilians aveux, je cachois ma
honte dans tes bras ! Tu me plai-
gnois d'aimer ; mais tu ofois bien
ajouter que cet état, tout violent

qu'il eſt, te faiſoit envie ! Toi m'envier ! Ah ! grand dieu ! pré-ſervez mon amie d'un pareil ſort ! Enfin nous avons dû nous quitter encore : tu ne peux imaginer tout ce que m'a fait éprouver de maux cette derniere ſépara-tion. Il ſembloit qu'on m'arrachât le cœur ; en te perdant je croyois avoir tout perdu, juſqu'au ſenti-ment de la douleur : tu m'as vue, en t'embraſſant, morne, immo-bile, ne proférant pas un mot, ne verſant pas une larme. Hélas ! j'allois renoncer à toutes les dou-ceurs de ma vie. Chere couſine ! depuis ce moment, je n'ai fait que languir : tu étois ma ſauve-garde ; auprès de toi je le voyois avec plus d'aſſurance ; abſent, j'avois le plaisir d'en parler avec toi ; nos entretiens ne tarissoient point ; les jours n'y pouvoient suffire ; nos nuits s'écouloient comme des heures. Qu'avions-nous donc tant à nous dire ! les indifférens ne le conçoivent pas : ah ! combien je le conçois ! que le ciel me rende quelques-unes de ces journées paisibles que nous remplissions de notre félicité ! Viens ! mon aimable amie ! amene cette tendre mere & tout ce qui t'intéresse ! je te réserve un appartement délicieux ; ce sera le temple de l'amitié : c'est-là que j'irai porter tous les jours mes vœux & mes offrandes ! O ! que d'encens je brûlerai pour la Déesse ! que d'adorations je lui

promets ! Viens ! viens ! ne tarde
plus ! car je meurs d'impatience.

LETTRE XXXVII.

A la même.

Ainsi mon espoir est détruit !
Ce voyage annoncé depuis si
long - temps ne se fera point !
Tout paroissoit réglé ; une maladie survient à ma tante, & il
faut rester ! Quelle contrariété !
Rien n'est plus cruel que la pri-
vation d'un bien qu'on espéroit :
j'y comptois ; j'avois disposé dans
mon idée mille choses qui ont
été renversées d'un souffle, comme les châteaux de cartes que
nous bâtissions autrefois. Eh bien,
mon amie ! peut-être ne nous re-
verrons-nous jamais ; un pressen-

timent me l'annonce ; quand j'ai
reçu ta lettre, il s'est élevé dans
mon esprit avec une force terrible : le cœur m'en a battu ; j'ai
dit : voilà qui est fait ! Constance
est perdue pour moi. J'en veux
à ma folle imagination de prendre ainsi les devants sur tous les
maux : mais elle est incorrigible,
& jusqu'au moment où je t'aurai
revue, je ne serai pas tranquille.

Nous dînions ces jours passés,
à deux lieues des Ormes, chez la
Baronne de Nancé. J'étois à table, auprès d'une jeune femme
de vingt ans qui a de la figure,
de l'esprit & de la gaité. Après
un quart-d'heure d'entretien, elle
sembloit être liée avec moi,
comme si nous nous étions tou-

jours vues. Je m'avifai de la quef-
tionner fur un homme qui étoit
placé près de mon frere ; elle
me dit : c'eſt mon mari : mais
n'en demandez pas davantage,
car je ne le connois pas. Je fouris, & je la priai de m'apprendre
pourquoi fon mari lui étoit fi
peu connu. Que voulez-vous,
reprit-elle? J'avois feize ans quand
je l'époufai ; j'étois au couvent,
& je n'avois apperçu le monde
qu'à travers les grilles d'un par-
loir : mon pere s'avifa de jetter
les yeux fur ce Monfieur que
vous voyez, & dit avec la gravité paternelle ; voilà l'époux qui
convient à ma fille : il en toucha
deux mots à ma mere qui y donna
les mains : je n'en fus avertie

qu'un jour avant le contrat, &
feulement parce que j'y étois néceffaire. On me fit voir celui
dont il s'agiffoit, ou plutôt on
l'amena pour me voir : il trouva
que je lui convenois : quand il
n'eût eu que la figure humaine,
je l'aurois trouvé charmant, car
je n'afpirois qu'à être libre, & je
m'ennuyois fort de la vie que je
menois. Tout s'arrangea promptement : je fus tirée du cloître,
ajuftée, parée, & préfentée à
l'autel où je dis tout ce qu'on
voulut : de-là, je me laiffai conduire chez mon époux à qui je
déclarai, au bout de quelque
temps, que mon projet étoit de
vivre indépendante, & que de fon
côté il feroit le maître d'agir

comme il lui plairoit. Ce langage l'étonna d'abord : mais il
prit enfin son parti, & je n'ai
plus entendu parler de lui. C'est
un hasard merveilleux qu'aujour-
d'hui nous soyons sous le même
toit. O ma chere Constance !
as-tu rien entendu de semblable !
& voilà ce qu'on appelle des
mariages de convenance ! Seroit-
il vrai ? N'est-ce pas une fable ?
Cette jolie femme se nomme
Madame d'Arbon : elle veut être
mon amie ; mais quelle société
peut-on faire avec de telles gens ?
Grace à mon frere, elle n'est pas
sans adorateur ; il paroît fort assidu
à lui rendre des soins, & ce que
j'admire, c'est qu'il y a été poussé
par le mari lui-même qui, en

se vantant de la connoître , a fait
son éloge comme il auroit fait
celui de sa voisine.

LETTRE

LETTRE XXXVIII.

FALDONI au CURÉ.

C'EST au milieu des fanglots que je vous écris : recevez les premiers épanchemens de ma douleur ! J'ai perdu mon pere : l'image de la deftruction m'environne ; je ne vois par-tout que des objets de deuil ; tout eft mort autour de moi. Avec quel regret je m'étois féparé de vous ! je laiffois mon ame aux lieux que vous habitez. Cette maifon chérie, cet objet doux & terrible dont l'idée me pourfuit, ces illufions de l'efpoir, il falloit tout quitter ! J'allois revoir un pere mourant, une famille dans les larmes, une habitation rustique où la vertu m'avoit donné d'utiles leçons trop peu suivies. C'est dans un mélange d'effroi, d'anxiété, de trouble & de desir, que j'approchai de Livourne. En arrivant dans la campagne de mon pere, je fus saisi de tristesse : la maison du Pasteur fut le premier objet que je fixai ; les peupliers qui jadis avoient été plantés près de l'entrée, n'existoient plus : la petite école qui en étoit voisine, avoit disparu : je reconnus, à côté du presbitere, une place où nous allions jouer ; j'y vis des enfans rassemblés : en me rappellant les momens heureux & tranquilles que j'avois passés dans

cette folitude, mon cœur s'émut,
& je me fentis mouillé de larmes.
Impatient d'arriver, je pourfuivis
ma route : notre maifon s'offroit
de loin fur une éminence : du
moment que je l'apperçus , mon
agitation devint fi forte que je
fus contraint de m'arrêter. Que
d'événemens avoient troublé ma
vie depuis que j'étois forti de
mes foyers ! que de projets éva-
nouis ! que d'efpérances détruites !
Je revenois & je ne rapportois
avec moi que des regrets ! Au
milieu de ces triftes réflexions ,
je parvins jufques dans la cour ,
fans rencontrer perfonne ; les appartemens étoient ouverts ; la
nuit commençoit à tomber ; les
objets fe confondoient à mes yeux.

Quand j'entrai dans la chambre
de mon pere, je fus frappé d'un
fpectacle terrible : un vénérable
Eccléfiaftique étoit affis auprès
du lit, & prononçoit des prieres,
à la lueur d'une bougie. Je m'é-
crie ; je m'élance vers ce lit de
mort ; j'ouvre les rideaux ; je vois
mon pere étendu fans mouvement. O douleur ! je ne fais ce
que je devins ; je me laiffai tomber fur mes genoux ; ma tête
s'étoit penchée fur ce corps immobile ; je ne pouvois le quitter ;
mes larmes couloient par torrens ;
j'appellois mon pere ; je le con-
jurois de r'ouvrir les yeux pour
me laiffer jouir de fes derniers
regards ; je difois avec des fanglots, il eft mort & je ne l'ai

point vu! je ne l'ai point embraſſé!
je n'ai point reçu ſes adieux ! O
mon pere ! que n'étois-je auprès
de toi, quand tu paſſois dans un
meilleur monde ! tu m'aurois béni
pour cette vie & pour l'autre ;
j'aurois recueilli tes dernieres
paroles ; elles auroient porté la
conſolation dans mon ame : tes
conſeils m'auroient éclairé ſur
les écueils de la vertu, & ſur les
peines de la vie : près de te réunir
au ſouverain Maître, tu l'aurois
prié pour moi. Ah ! Monſieur !
les Philoſophes nous diſent que
la nature eſt un préjugé : mais
puiſſent-ils ne jamais ſentir le
poids qui tomba ſur mon cœur,
quand je penſai que mon pere
avoit emporté dans le cercueil

l'idée de mon indifférence & de mon oubli ! Depuis six ans que je l'avois quitté, la fougue de mes passions, l'effervescence de ma jeunesse & la distraction de mes voyages, me l'avoient fait négliger. Voilà mon premier crime ! Le ciel m'en a puni : bientôt je me suis précipité dans une foule d'erreurs, & tous les sentimens honnêtes se sont éteints dans mon ame. La mort de mon pere, en me montrant l'abîme qui sépare cette vie passagere de l'éternité, a défillé mes yeux : je sens qu'il doit exister un autre monde destiné pour le châtiment du vice & la récompense de la vertu : je me dis qu'un jour je retrouverai les objets de ma tendreſſe, & que je n'en ſuis ſéparé que pour un temps : l'ombre de mon pere ſe préſente à moi dans le ſilence de la nuit ; je crois l'entendre qui m'appelle ; il ſemble m'annoncer que je ne tarderai pas à le joindre. Qu'on meure jeune ou vieux, c'eſt une différence de quelques années : plus on vieillit, plus on a de regrets : la jeuneſſe eſt l'âge le plus convenable pour ſortir de la vie ; on ne laiſſe rien après ſoi.... Rien ! Ah ! dieu ! pourrois-je oublier celle qui m'attache au monde ?

LETTRE XXXIX.

THÉRESE à CONSTANCE.

Mon pere est obligé d'aller à Paris pour suivre un procès : il te verra, Constance ! Que j'envie son bonheur ! Qu'il est déja loin le temps où nous pouvions nous voir & nous entendre ! La vie est une chaîne continuelle de plaisirs, de peines, de jouissance & de privations. Quand on est bien dans un lieu, que ne peut-on y rester ! à quoi bon se transporter sans cesse dans des situations diverses, & que gagne-t-on à se déplacer ? Je n'oublierai jamais l'année que j'ai passée auprès de

toï : ce fera l'époque de ma félicité, & quand je voudrai juger fi
je fuis heureufe, je comparerai
mon fòrt à celui dont tu m'as
fait jouir. Adorable coufine ! que
tu es aimée ! mais que tu mérites
de l'être ! Nous voilà feules à la
campagne ; car mon frere a jugé
à propos de fuivre à la ville Madame d'Arbon, & j'en fuis quitte
au moins pour quelque temps.
Le Curé nous tient fidelle com-
pagnie ; fes paroles defcendent
dans mon ame comme un rayon
de lumiere. Dans la mélancolie
qui me poffede, je n'ai de douceur que celle de l'entendre. Je
vais quelquefois me profterner
dans la chapelle, & j'y paffe des
heures entieres, immobile, bai-

gnée de larmes, conjurant le ciel de m'arracher mon fatal amour, & de me rendre à moi-même : en fortant de cet afyle facré, je refpire plus librement ; je me fens plus de courage. Ah ! Conftance ! qu'il eft doux de s'a-dreffer au Dieu de confolation dont on efpere le fecours ! Que je plains ceux qui fe font ôté la derniere reffource, en rejet-tant l'idée de cette bonté fou-veraine ! Infenfés qui ne fongent pas que dans le malheur il ne faut rien attendre des hommes, & que la Divinité eft l'unique efpérance qui refte à l'affliction ! Il vient un temps, mon amie, où les yeux s'éclairent fur les illufions du monde ; ce qu'on

avoit trouvé féduifant n'a plus
de charmes ; on fe dégoûte des
jouiffances d'un autre âge ; nos
penchans fe fuccédent & fe dé-
truifent avec une rapidité fingu-
liere ; nous fommes étonnés de
regarder avec indifférence ce qui
avoit fait long-temps le but de
nos plus chers defirs : alors que
devient notre cœur dans le vuide
effrayant que le temps & les événemens y font naître ? N'eft-ce
pas un bonheur de pouvoir encore tourner fes regards vers un
objet d'efpoir inacceffible aux
révolutions de la fortune ?

On a reçu des lettres d'Italie :
Faldoni a perdu fon pere : je ne
fuis guere plus heureufe. Tu fais
que le mien eft mort pour moi.

Monsieur de Saint-Cyran me traite avec une rigueur que les droits du fang ne peuvent autorifer, & que la nature femble interdire. Je n'ofe le regarder ni lui parler qu'en tremblant : quand l'inquié-tude me fait confulter fes yeux ou les traits de fon vifage, le moindre changement que j'y vois me remplit d'alarmes : je paffe ma vie à l'étudier & à le crain-dre : fon afpect terrible & mena-çant me pourfuit jufques dans mes fonges. Dis-moi donc pourquoi mon ame eft contriftée comme aux approches d'une grande in-fortune ? Je ne fuis ni crédule ni fuperftitieufe ; mais je crois que la nature daigne quelquefois nous annoncer par de fecrets avis

les dangers qui nous menacent ;
je fuis convaincue qu'il exifte en
nous des preffentimens de ce que
nous devons efpérer ou craindre ;
foit que ce mouvement intérieur
nous vienne du ciel, ou qu'il
naiffe de l'inftinct placé autour
de nous comme une garde bien-
faifante : il eft certain que fes
notions ne m'ont jamais trompée.
Providence du ciel ! qu'avez-vous
réfolu de moi ? Suis-je deftinée
à de nouvelles épreuves ? Hélas !
coufine ! j'ai tant fouffert depuis
fix mois ! Jeuneffe, fanté, fraîcheur, enjouement, j'ai tout
perdu ; je ne fuis plus que l'ombre de ton amie ; je reffemble à
ces fantômes qui fe traînent au
bord de leur tombe. Où eft-il

maintenant ? Pourquoi s'éloigner ?
J'étois si bien auprès de lui ! J'en
veux à toute la nature de mes
chagrins : mon humeur n'est plus
supportable : Deschamps en est
souvent la victime ; je la gronde
d'avoir favorisé cet amour qui
ne pouvoit être que malheureux.
Qu'on est à plaindre, mon amie,
d'être environnée de séductions !
Elles nous obsédent jusques dans
l'intérieur de nos asyles, & nous
n'avons pas même un refuge auprès de la couche où nous repo-
sons nos peines, dans le coin de
retraite où nos peres nous laissent
du moins la liberté de gémir.
Je n'aime point à retourner sur
le passé : j'aurois dû, je le sens,
prémunir ma raison contre un

penchant funeſte, ou le rompre dès que j'ai pu l'appercevoir. Se-roit-il une vengeance attachée à pourſuivre les enfans rebelles ? je le crains ; l'image de mon pere ne me laiſſe point de repos : mais comment obéir ? Un éternel mal-heur, une vie affreuſe, inſuppor-table, feroit le prix de mon ſa-crifice. Ah ! qu'on ne me de-mande que ma vie ; je ſuis prête à la rendre à celui qui me l'a donnée : mais ma perte entraî-neroit celle d'un autre : ai-je le droit de le ſacrifier ? S'il m'a re-mis ſa deſtinée, dois-je abuſer de ce dépôt ? Ce ne font là que des ſophiſmes, il eſt vrai ; ce-pendant je les écoute ; & quand je ſuis déterminée à me ſoumettre,

je vois ce fpectre ; il m'arrête ;
il me montre fon cercueil ouvert,
& mes projets s'évanouiffent.
Pardonne - moi , grand Dieu , fi
j'ofe défobéir aux loix pater-
nelles ! Cette révolte n'eft pas
l'ouvrage de mes fens : un pere
n'eft qu'un homme ; il peut fe
tromper & nous égarer : mais la
voix qui me crie de céder à un
amour honnête, de ne point caufer le malheur d'un être fenfible,
cette voix eft celle de la nature
& peut - être la tienne. Puifque
ma mere eft pour moi , je ne fuis
pas entiérement coupable, & j'ai
du moins autant de raifon de le
croire que d'en douter.

LETTRE XL.

Le Curé à Constance.

MADEMOISELLE,

LE long silence de votre amie vous inquiete. Elle me charge de vous répondre, parce qu'elle est malade & dans l'impuissance d'écrire. Rassurez - vous cependant ; son état jusqu'à présent est moins dangereux qu'il n'est pénible ; vous en connoissez le principe ; je sais qu'elle n'a point de secret pour vous , & que vous lisez comme moi dans cette ame que j'ai formée. Combien vous devez la plaindre , & que vous seriez attendrie de la voir aujourd'hui ! C'eſt une fleur qui s'eſt fannée avant le temps. Qu'eſt-ce que la beauté, grand dieu ! quand on ſonge aux révolutions d'un moment qui la détruiſent ! Depuis deux mois, Mademoiſelle de Saint-Cyran attaquée d'une langueur ſecrette nous offre toutes les gradations du dépériſſement : ſa malheureuſe mere le voit, & elle gémit de ne pouvoir y rémédier. Elle me conjure de ſauver ſa fille : mais que puis-je faire entre deux infortunées dont le ſort ne dépend ni de l'une ni de l'autre? Théreſe eſt-elle libre de ne pas ſentir ce qu'elle éprouve ? Madame de Saint-Cyran a-t-elle la faculté de bannir cette langueur, en réuniſſant deux êtres

nés pour s'aimer ? Voilà ce que
je dis, & mes fecours fe bornent
aux confolations de l'ame. C'eft
un trifte emploi d'être réduit à
ces foins, quand nous voyons
périr autour de nous les objets
de nos affections. Cette maifon
que j'ai vue fi gaie, fi brillante,
eft maintenant l'image du deuil
& de la douleur : ce n'eft plus
qu'une vafte folitude où l'on s'é-
vite. Madame de Saint-Cyran
voudroit ne pas quitter la chambre de fa fille ; mais elle craint de
la gêner, & le tableau qu'elle y
voit brife fon cœur maternel :
jamais elle n'en fort fans verfer
des ruiffeaux de larmes. Cruelle
enfant, difoit-elle hier en la quittant ! elle me donnera la mort :

mais je ne dois accufer que moi ;
j'aurois prévenu ce malheur fi
j'avois eu le courage d'en éloigner la fource. Souvent je vais
m'affeoir auprès du lit de ma
chere Thérefe, & quand elle eft
difpofée à m'entendre, je raffem-
ble autour d'elle toutes les confolations que cette ame aimante
peut recevoir. Combien de fois
elle m'a parlé de vous ! elle eft
perfuadée qu'elle ne vous reverra
plus, & quand cette idée la faifit,
toute fa douleur fe renouvelle.
Jamais la piété n'eut tant d'empire fur une ame vertueufe : il
femble que fes affections repouf-
fées par les obftacles, refluent
vers la Divinité avec une force
invincible. C'eft un ange qui adore

l’Être suprême. Moi qui ai vieilli dans un miniſtere ſacré, je porte envie à ces religieux élans qui l’enlevent juſqu’au Créateur. Ame divine ! la terre n’eſt pas digne de la garder ; elle eſt faite pour un meilleur monde ; elle y ſera plus heureuſe. Et qu’eſt-ce que l’habitation des hommes ? Un ſéjour de larmes & de déſeſpoir, où l’opinion regne avec un ſceptre de fer, où les préjugés ſont les tyrans de la vertu ! Pardon, Mademoiſelle ! je m’écarte, & mon cœur indigné croit ſe parler à lui - même. Je vous écrirai, ſi vous le trouvez bon, & je vous rendrai un compte fidele de l’état de votre amie. Prodiguez-lui vos lettres touchantes ; elle en a befoin ; c'eſt un baume ſur ſa plaie: je vois, quand elle me parle de vous, un tendre coloris renaître ſur ſon teint. Quand elle ſe ſent l'eſprit un peu libre, elle ſe fait apporter une caſſette où ſont renfermées vos lettres ; elle les éparpille autour d'elle ; ſes yeux les dévorent ; quelquefois ſa bouche les preſſe avec ardeur : un ſoupir lui échappe. Charmante amie ! dit-elle ; & ſon émotion eſt ſi vive qu'elle eſt forcée d'interrompre ſa lecture.

LETTRE XLI.

A la même.

MADEMOISELLE de Saint-Cyran est descendue aujourd'hui : elle étoit appuyée sur sa gouvernante, & elle a fait plusieurs tours dans les jardins. Quand sa mere a paru, elle l'a saluée, sans lui dire une parole, a pris une de ses mains qu'elle a portée contre ses levres, & s'est assise auprès d'elle. Nous gardions tous le silence, & cette scène muette a duré quelque temps : enfin Madame de Saint - Cyran, le cœur gros de tristesse, a passé un de ses bras autour de sa fille & l'attirant dou-

cement, elle a preſſé de ſa bouche les joues de l'infortunée.
Théreſe a ſoupiré ; ſes yeux ſe
ſont gonflés ; ſes larmes ont coulé.
Ah ! Madame ! a-t-elle dit, que
penſez-vous de moi ? que j'ai
honte de ma douleur ! ſuis-je donc
une inſenſée ? pourquoi pleurer ?
quelles ſont mes peines ? O ma
mere ! vous m'aimez & je me
crois malheureuſe ! je ne méritois
pas tant de bonté. Madame de
Saint-Cyran la conſoloit & les
eſpérances qu'elle lui montroit
dans l'avenir, ſembloient la ra-
nimer. Cet après-midi, elle s'eſt
ſenti un peu de force & elle nous
a propoſé de la conduire à la
ferme de ſa nourrice. Je pré-
voyois combien cette viſite alloit
l'agiter,

l'agiter, & je voulois l'en détour-
ner : mais elle infiſtoit, & nous
ſommes partis dans une voiture,
elle, ſa mere, ſa gouvernante &
moi. Juſtine s'eſt jettée à ſon cou ;
mais en la regardant, elle a reculé
de ſurpriſe. Comment me trou-
vez-vous, nourrice, a dit votre
amie ; me reconnoiſſez-vous encore ? le temps n'eſt plus où vous
me félicitiez ſur ma fraîcheur :
vous voyez que tout change.
Juſtine a pleuré & n'a pu lui répondre. Allons ; donnez-moi le
bras, a repris Théreſe, & mon-
trez-moi votre jardin ; on dit que
vous l'avez embelli ; je ſeraï
charmée de voir votre ouvrage :
& ſe tournant vers moi, n'admirez-vous pas, Monſieur, l'arran-

Tome I.　　　　　　　　　　M

gement & la proprété de cette maison ? auffi c'eft celle de ma Juftine. La pauvre nourrice étoit hors d'elle-même : elle a rencontré fon mari & lui a dit quelques mots : enfuite elle nous a menés dans le jardin. Thérefe fe traînoit avec peine, & de temps-en-temps elle étoit forcée de fe repofer. En entrant dans un petit bois qui bornoit le potager, elle a fait un cri de furprife, & m'appellant, où fommes-nous, a-t-elle dit, comme frappée de terreur ? voyez donc, Monfieur ! c'eft le même berceau, la même fontaine, la même difpofition des arbres ! Quel démon a pu venir ici pour me retracer des fcènes douloureufes ? & elle fondoit en larmes. Juftine lui a raconté le féjour qu'un étranger avoit fait chez elle : mais il falloit entendre l'éloge qu'elle faifoit des vertus de fon hôte ; il falloit voir les regards de Thérefe s'enflammer de joie & de tendreffe ; car elle l'avoit reconnu. Quand Juftine parloit des actes d'humanité de Faldoni, & des fecours qu'il portoit aux pauvres familles du village, Thérefe demeuroit immobile, les bras pendans, les yeux fixés fur fa nourrice & dans l'impatience de recueillir les moindres circonftances. Quel homme, a-t-elle dit enfin, en me regardant ! ah ! Monfieur ! & c'eft lui!.... elle s'eft arrêtée ; elle a porté fon mouchoir à fes yeux, & s'avan-

çant dans le bosquet, elle a vu
sur les arbres quelques chiffres
tracés : elle s'est tournée vers sa
nourrice ; ce que vous me racon-
tez de ce généreux étranger me
touche, a-t-elle dit, & s'il revient
jamais ici, assurez-le bien de l'intérêt que j'ai pris à son histoire.
Alors s'approchant de sa mere,
chere maman ! la bienfaisance
doit être récompensée. Sans
doute, a répondu cette bonne
mere qui devinoit sa fille. Thérese alors a détaché un ruban de
son sein, & le donnant à Justine,
vous lui remettrez ceci de ma
part : oui vous pouvez me nommer : c'est un prix que j'accorde
à sa vertu. Elle n'avoit pas achevé
ces mots, qu'étonnée de ce

qu'elle avoit fait , elle s'eſt jettée
dans les bras de ſa mere. Madame
de Saint - Cyran la couvroit de
baiſers : nous étions tous ſaiſis
d'attendriſſement : cette charmante fille nous avoit communiqué ſon enthouſiaſme. On nous
a préſenté les deux Amans que
Faldoni avoit mariés : c'étoit un
couple ſi heureux , ſi charmé l'un
de l'autre, qu'il faiſoit envier ſon
ſort. Voilà pourtant, diſoit Théreſe , un mariage d'inclination
qui réuſſit ! Nous avons trouvé
dans la maiſon un goûté préparé
par le mari de Juſtine : Théreſe
a mangé de tout ; elle étoit gaie ;
elle avoit repris ſes forces. Madame de Saint-Cyran ne ſe laſſoit
point de la contempler ; ſes yeux

brilloient de plaifir ; elle me faifoit remarquer l'appétit de fa fille
& elle béniffoit la courfe que
nous avions faite. Pour moi je
craignois les fuites de cette vio-
lente agitation , & je voyois à
regret cet appétit défordonné qui
pouvoit être funefte. En effet ,
nous n'étions pas au château que
Thérefe a commencé à fe plaindre : le foir , elle a reffenti un
accès de fievre accompagné de
friffon & de délire : actuellement
elle eft plus calme , & nous ef_
pérons que cette fecouffe amenera pour elle une crife heureufe.

LETTRE XLII.

A la même.

Un étranger m'a fait prier de me rendre à la grille du château ; c'étoit Faldoni : nous nous sommes précipités dans les bras l'un de l'autre : il avoit peine à respirer. Est-elle ici, a-t-il dit ? Puis-je la voir ? Voulez-vous me présenter chez elle ? Je lui ai répondu qu'une cruelle consomption la jettoit dans un état de langueur & d'abattement qui l'empêchoit de quitter sa chambre. Il a frissonné en m'écoutant ; ses yeux étoient égarés ; sa voix n'articuloit que des mots sans suite :

enfin fes larmes font forties avec abondance ; il m'a preffé contre fon fein : allons, difoit-il, allons voir cette bonne mere : elle doit être bien affligée ! fi je peux feulement m'approcher de la porte de fa fille, écouter le fon de fa voix, entendre fes mouvemens, je m'en retournerai plus tranquille ; & il m'attiroit d'une main tremblante. Je l'ai conduit dans les avenues : en approchant du château, il m'a conjuré de m'arrêter ; fes pieds refufoient d'avancer ; un nuage s'étoit répandu fur fa vue ; enfin nous fommes arrivés. Je l'ai fait affeoir, & paffant dans la chambre de Madame de Saint-Cyran, je l'ai prévenue du retour de Faldoni. Mille mouve-

mens confus se sont élevés dans
son ame : elle témoignoit quelque répugnance à recevoir l'auteur des maux de sa fille ; elle
craignoit d'éprouver une impression pénible ; elle s'est pourtant
déterminée à le voir : il est entré
avec une contenance triste &
grave : je l'ai laissé pour aller préparer Mademoiselle de Saint-Cyran à sa visite. Je craignois de lui
prononcer un nom qu'elle n'entend jamais sans trouble, quand
sa nourrice est entrée. Mademoifelle, a-t-elle dit, toute essouf-
flée, Monsieur Faldoni est ici ;
je l'ai vû ! l'imprudente alloit
poursuivre ; mais j'ai fait un cri,
en voyant le visage de votre amie
couvert de la pâleur de la mort.

M 5

Ses femmes l'ont secourue ; je suis sorti ; & quelques momens après, je suis revenu avec sa mere. Dès qu'elle a paru, Thérese a étendu ses bras vers elle & les a laissé retomber sur ses genoux. O Madame ! ... elle n'a pu dire que ce mot, & sa voix s'est étouffée dans les larmes. Madame de Saint - Cyran l'a pressée contre son cœur. Ma chere enfant, disoit - elle, chere fille de mon amour ! pourquoi cette douleur éternelle ? ne suis-je pas votre mere, & toujours disposée à prévenir vos moindres vœux ? & elle a passé doucement un mouchoir sur les yeux de sa fille pour essuyer ses pleurs. Thérese a tenu quelque temps son visage caché

dans le fein de fa mere ; puis fe
relevant avec la plus forte émotion ; il eft donc ici ? Il voudroit vous voir, a repris Madame
de Saint-Cyran. — Me voir, me
voir ! elle a rougi, pâli ; fa voix
s'eft altérée. Eh ! que verra-t-il ?
un fantôme, une victime que le
tombeau réclame : & portant la
main fur fon cœur ; à quoi bon
cette visite ? n'eft-il pas - là ? fon
image peut - elle me quitter ? je
verrois fes larmes ; j'entendrois
fes plaintes, & j'en ferois dé-
chirée : épargnez-moi ce tableau !
— Eh ! bien, ma fille, il ne fe
préfentera point, & je vais vous
fatisfaire. — Il ne fe préfentera
point ! hélas ! je ne le verrois donc
plus ! mon Dieu ! que le cœur eft

foible ! ah ! qu'il entre & qu'il
jouiſſe de ſon triomphe ! qu'il
voie l'état où je ſuis réduite, &
s'il a quelque pitié, il ceſſera de
nourrir des ſentimens qui font le
malheur de tous deux. Elle n'a-
voit pas fini que Faldoni couroit
à ſes pieds : il étoit reſté à la
porte de la chambre, attendant
ſon fort ; il a paru tranſporté de
douleur & d'effroi : il a levé les
bras, & s'eſt proſterné ſur le par-
quet. Théreſe l'a reconnu & portant les yeux vers le ciel, elle
les a fermés preſque auſſi-tôt. Sa
mere la tenoit embraſſée, & diſoit à Faldoni de s'éloigner ; mais
que pouvoit-il entendre ? renverſé
aux pieds de ſon amante, l'œil
attaché ſur elle, la bouche ou-

verte, l'oreille attentive, respi-
rant à peine, tremblant de tout
son corps, il attendoit les premiers mouvemens de Thérese,
avec une impatience mêlée d'effroi. Enfin elle a repris connois-
sance : Faldoni s'est levé, l'a con-
templée de tous ses yeux, & lui
a bégayé quelques mots qu'on
ne pouvoit comprendre. Vous
voyez, Monsieur, a-t-elle dit gra-
vement, quel est le fruit d'une
liaison clandestine ; & se tournant
vers sa mere, pardonnez-moi, Madame ! le ciel m'a bien punie de
mes erreurs ! O mon cher pasteur ! (s'adressant à moi) dans
quelle humiliation vous me trouvez ! Comme les passions nous
dégradent ! j'ai besoin qu'un hom-

me vienne me confoler ! fans lui
je n'exiftois plus, ou je n'exiftois
que pour fouffrir ! (& regardant
Faldoni) pourquoi revenir ici ?
qu'efperez-vous déformais ? hélas !
je ne fuis plus celle dont les agré-
mens pouvoient vous plaire : ma
jeuneffe eft flétrie : j'ai déjà un
pied dans le cercueil : & voyant
qu'il pleuroit, féchez vos larmes,
Faldoni, a-t-elle repris avec douceur & tendreffe ; elles font inu-
tiles ; je ne puis être à vous : un
pere m'a déclaré fa volonté ; un
pere menaçant tient fa malédic-
tion fufpendue fur ma tête, fi je
n'abandonne mes chimériques
projets : cette tendre mere qui
m'entend ne peut me fauver de
l'oppreffion, & n'a comme moi

que la reſſource de ſes plaintes.
Renonçons à l'eſpoir d'être unis :
il n'y faut plus penſer. Vous trouverez chez ma nourrice un gage
de mon amitié ; conſervez-le pour
moi ; il atteſtera éternellement à
votre cœur la vérité de mon at-
tachement ; & laiſſant échapper
un ſoupir ; une amitié ſi tendre !
un penchant que le ciel ſembloit
avouer ſuivi par des effets ſi ter-
ribles ! non, il n'y a point de bonheur ſur la terre. Je ne vous dis
point adieu ; ce mot me coûte
trop à prononcer : mais à quoi
ſert de nous revoir ? ſi vous pouvez me fuir, ſi vous pouvez m'oublier, ſi en perdant mon idée,
vous pouvez être plus heureux
ou plus tranquille, oubliez-moi,

j'y confens ; fuyez, & qu'un autre
objet adouciffe en vous le fentiment de ma perte. Elle alloit
pourfuivre encore ; un torrent
d'expreffions fe portoit fur fes lè-
vres ; cette fille éloquente & fenfible, après de long jours de filence & de contrainte, éprou-
voit le befoin de foulager fon ame
& de l'épancher. Faldoni dans l'ac-
cablement où l'avoient plongé les
paroles de fon amante, s'eft approché d'elle avec un mouveme-
ment de terreur, & reprenant fa
place à fes pieds ; au nom de ce
Dieu bienfaifant dont vous êtes
l'image, au nom de cette tendre
mere & de ce digne ami, dirai-
je au nom de mon amour ! ayez
pitié de moi, Mademoifelle, ne

m'accablez pas de ces cruelles menaces ! pourquoi voulez-vous ma mort ? & nous tendant les mains, il nous conjuroit d'intercéder pour lui. Ma chere Thérefe, a dit Madame de Saint-Cyran, fi cet efpoir peut te rendre la vie, compte que je ferai tout pour te fervir, & qu'il ne tiendra pas à moi que tu ne faffes le bonheur de cet honnête homme : il en eft digne, & fes vertus juftifient ton choix. Un doux fouris a brillé fur le vifage éteint de votre amie : ô chere maman ! vous daignez excufer ma foibleffe ! vous relevez le courage de votre fille en avouant fes vœux ! eh bien ! a-t-elle ajouté en portant la parole à Faldoni, recevez l'engagement que je prends de n'être jamais qu'à vous. Il s'eſt levé dans le tranſport de ſa joie ; il a frappé des mains ; il eſſayoit de parler ; il pleuroit ; il s'agitoit, & ne pouvoit que murmurer ſa reconnoiſſance. J'étois émû juſqu'aux larmes : je me ſuis écrié, grand Dieu ! change le cœur inflexible d'un pere ! qu'il ceſſe enfin de s'oppoſer aux intentions de la nature & à la félicité de ce couple innocent ! fais que je les conduiſe à tes autels ! que je ſanctifie leur chaſte amour, & qu'avant de me réunir à toi, mes derniers regards ſoient témoins de leur bonheur ! Alors Faldoni pliant un genoux devant ſon amante, a pris le bas de ſa robe & l'a preſſé contre ſa

bouche. Ange du ciel, a-t-il dit,
vous que je n'ose encore appeller
du doux nom d'épouse ! je vous
jure une tendresse éternelle : que
le moment affreux où je cesse-
rois de vous aimer soit le dernier de ma vie ! une rougeur charmante s'est répandue sur les joues
de Thérese ; son cœur & sa tête
commençoient à s'échauffer ; elle
a désiré d'être seule & nous l'a-
vons quittée pour lui laisser recueillir en paix ces premiers ins-
tans de plaisir.

LETTRE XLIII.

THÉRESE à CONSTANCE.

POURQUOI m'a-t-on rappellée à la vie ? Eſt-ce pour me préparer à de nouvelles douleurs ? Mes jours alloient s'éteindre. . . . . Il eſt revenu ; il a paru ! Mon cœur s'eſt ranimé ; mon ſang a repris ſon cours ; la joie depuis ſi long-temps bannie de mon ame a brillé ſur elle comme une douce roſée : j'ai ſenti que le plaiſir ne m'étoit pas étranger. Seroit - il donc pour moi quelque route ou-verte à la félicité ? Je n'oſe m'en flatter : c'eſt en vain que ma mere me nourrit de cette illuſion. Que

peut elle faire ? Que peut toute
la nature contre le pere le plus
abfolu ? Cependant je me laiffe
aller à ces riantes chimeres, &
le temps fe paffe ! Nous com-
pofons entre ma mere, le curé,
Faldoni & moi, une fociété charmante. Il loge chez ma nourrice;
mais il vient tous les jours, &
nous nous quittons le moins qu'il
nous eft poffible. Le curé va quelquefois le chercher dès le matin,
& il l'amene dîner au château.
J'éprouve un noble orgueil de
voir mon choix juftifié par l'amitié de ce digne pafteur. Je fuis
fiere de l'eftime que Faldoni inf-
pire à tous ceux qui le connoif-
fent : il m'eft doux de penfer que
l'univers avoueroit ma foibleffe

pour le plus aimable des hommes. Qu'il eſt intereſſant, chere couſine ! on ne peut réunir à un plus haut degré toutes les qualités ſociales : je ne le vois jamais ſans une ſecrette vénération : c'eſt bien lui qui me fait ſentir que l'homme eſt né pour protéger ſa compagne ! il a cet air de grandeur qui en impoſe à la témérité & qui repouſſe l'audace ; ſon regard mâle & ferme annonce la hauteur de ſon ame ; on voit qu'il s'apprécie, & que ſans trop de vanité, il ſent tout ce qu'il vaut. Que toutes ces miſérables conventions humaines, ces titres, ces honneurs, ces richeſſes, ſont peu de choſe auprès de la vertu & de ſes diſtinctions perſonnelles !

Dans le rang le plus obfcur, Faldoni eût été digne de s'affeoir fur
le trône : il aime les hommes ;
il eft bon , généreux , fenfible ;
& je dis avec joie ; voilà l'époux
que je me fuis choifi.

Comme nous fommes voifins
du Forêt, nous avons fait, ces
jours derniers , le projet d'aller
voir le rivage du Lignon & les
fertiles plaines qu'il arrofe : un
parent de ma mere qui poffede
une terre auprès de Montbrifon ,
nous a déterminés à ce voyage.
Nous fommes partis au point du
jour : la matinée étoit charmante :
le foleil, en fe levant, doroit cette
belle chaîne de côteaux , qui fe
préfente quand on arrive dans le
bas-Forêt. Nous vîmes cette val-

lée si fameuse par les amours d'As-
trée & de Céladon : on y respi-
roit encore un air pastoral ; les
collines d'alentour étoient couvertes de troupeaux ; des bergeres qui rappelloient celles de l'Ar-
cadie , étoient assises auprès de
leurs bergers : on entendoit le son
des chalumeaux & le chant joyeux
du pâtre qui menoit ses brebis.
Ah ! Constance ! que les images
de la vie champêtre donnent à
nos sens un calme pur ! En con-
templant ces rians paysages, j'é-
tois attendrie : les passions tumul-
tueuses faisoient place dans mon
ame à une douce mélancolie.
Qu'elles étoient heureuses, me
disois-je, ces Dianes, ces Astrées
qui venoient couler ici leur vie
dans

dans la société de leurs amans ! Rien n'altéroit leurs plaisirs ; aucun préjugé ne s'opposoit à leurs penchans ; aucune loi tyrannique ne les forçoit d'aimer ; l'amour étoit né de leur choix, & les jours qu'elles lui consacroient, étoient clairs & sereins. Ces réflexions que je faisois dans la route, mêloient à mes idées une sorte de langueur : Faldoni s'en apperçut, & s'efforça vainement de m'en distraire. Ma mere nous entretint de l'hôte vénérable que nous allions voir. Monsieur de Thémine est un gentilhomme retiré sur ses terres, & qui s'occupe du bonheur de ses vassaux. Sa maison s'éleve sur la pente d'un côteau, d'où l'on apperçoit des plaines

émaillées, des collines tortueuses
qui s'étendent à longs replis jufqu'au bout de l'horifon, des ruiffeaux qui s'échappent de la gorge
des vallées & qui vont s'égarer
dans des forêts profondes. Le
village eft au pied du château :
on voit, çà & là, de petites mé-
tairies dont les murs blancs paroiffent à travers quelques bou-
quets d'arbres; des haies d'aubé-
pine forment l'enceinte de ces
habitations ruftiques autour def-
quelles il regne une confufion
charmante d'agneaux qui paiffent,
d'enfans qui folâtrent, de laboureurs occupés à la charrue, de
femmes qui travaillent dans les
potagers.

M. de Thémine nous fit beaucoup d'accueil ; on voyoit dans son abord l'ami de l'hospitalité. Le luxe étoit suppléé chez lui par une élégante simplicité qui ne laissoit rien à desirer. Le coup-d'œil des jardins me ravit ; l'art s'y cachoit sous des formes champêtres : on n'y remarquoit point cette pesante simétrie qui aligne nos bosquets, découpe nos arbres, & lutte péniblement avec les aimables fantaisies de la nature : ici, c'étoit un bois touffu, là, des prés verdoyans ; plus loin des rochers revêtus de coquillages présentoient des grottes fraîches, & des sources qui tomboient de leurs sommets, alloient se perdre avec un doux murmure sous l'ombrage des tilleuls. Vous ne voyez, nous dit Monſieur de Thémine, qu'une nature brute & ſauvage : mais cette variété biſarre répandue dans ſes ouvrages eſt , à mon gré , la vraie cauſe de l'intérêt qu'elle inſpire. Qu'on ſe rende compte à ſoi-même de l'impreſſion qu'on éprouve à l'aſpect de nos maiſons royales & de leurs jardins faſtueux, où l'induſtrie humaine a réuni ſes efforts, pour annoncer la majeſté du maître : la premiere vue n'excite qu'une admiration froide , & l'ennui vous gagne inſenſiblement au milieu de cette magnificence uniforme. L'imagination n'aime point à ſe voir reſſerrée dans les limites des arts : par-tout où elle découvre la main du travail, elle juge qu'il

étoit poſſible de mieux faire, &
ſon attente n'eſt point remplie.
L'homme a beau s'ériger des mo-
numens; ils ſont circonſcrits par
ſa foibleſſe : mais les productions
de la nature ſont ſublimes comme
elle.

Monſieur de Thémine nous faiſoit remarquer les fruits de l'induſtrie qu'il avoit établie : elle
offroit une forte d'aiſance , un
ordre ſimple & riant, l'image de
la paix & de la liberté. Il deſcen-
doit avec ſes villageois dans tous
les détails domeſtiques, jugeoit
leurs différens, leur donnoit des
avis, s'informoit s'il y avoit des
malheureux, leur faiſoit fournir
des inſtrumens de labour, ou leur
diſtribuoit des arpens de terre. Je

ne donne point d'argent, nous
difoit-il; c'eft une charité mal
entendue ; il faut femer pour recueillir : fi vous procurez au peuple les moyens de vivre fans s'occuper , vous étouffez fon induf-
trie. Je me fuis attaché à favorifer
l'agriculture par des recompenfes
placées à propos, par des faci-
lités accordées aux laboureurs
pour améliorer leurs fonds ;
comme j'ai rendu chaque habi-
tant poffeffeur de fon terrein, il
eft animé d'une noble émulation,
à laquelle ajoute le plaifir de travailler pour foi. C'eft ainfi que
j'ai fait renaître dans cette heureufe contrée ce beau fiecle paf-
toral qui donnoit à nos peres une
idée de l'âge d'or, & qui a rendu

ſi fameuſes les campagnes du Lignon.

Vous ne verrez ici aucun homme de juſtice : mes villageois n'ont d'autre arbitre que moi. Mon tribunal eſt un vieux chêne où je vais m'aſſeoir dans des jours marqués. Le Dimanche, toute la jeuneſſe ſe raſſemble dans la prairie & s'exerce à différens jeux : des vieillards font les juges des prix que j'accorde aux vainqueurs. On danſe, le ſoir, au ſon de la flûte & du tambourin : c'eſt-là que ſe forment les premieres amours de ces cœurs innocens : j'aime à voir leurs unions naiſſantes ; elles me rappellent des momens heureux ; je m'informe des mœurs & du caractere des amans, & je les marie quand ils se conviennent.

N'admires-tu pas comme moi, cousine, ce digne mortel ? N'es-tu pas tentée d'aller vivre dans un si beau lieu ? Pour moi, je n'ai jamais tant aimé les champs, & il me vient des envies de laisser tout là, de prendre la houlette & d'aller garder les brebis sur ces riantes collines; bien entendu que je n'y serois pas seule; & que mon berger m'y suivroit. Je suis réellement éprise d'un pareil genre de vie ! Quelle félicité ! quelle paix ! Point de soucis ! point de tourmens ! tous nos jours se leveroient purs & brillans ; toutes nos heures seroient filées d'or & de soie.

Je reviens à M. de Thémine :
le Pasteur & moi , disoit-il, nous
faisons alternativement la tournée
du village. Les malades sont transf-
portés par mes ordres dans une
maison salubre , & jusqu'à leur
convalescence , leurs champs sont
cultivés par d'autres villageois à
qui je tiens compte de ce surcroit
de travail. Il est rare que mon
infirmerie soit occupée ; car l'exercice reglé , le plaisir , le conten-
tement du cœur , les alimens sains
& l'air pur les font parvenir au
plus grand âge , sans aucune des
incommodités qui suivent la vieil-
lesse.

Souvent j'assiste à leurs veillées ;
j'écoute leurs chansons naïves ;
elles me font souvenir d'un temps

auquel je ne fonge pas fans émotion ; j'y retrouve des fituations qui m'ont été cheres, & je me crois tout-à-coup reculé de trente ans : alors je foupire de me voir feul au milieu de ces couples heureux ; je regrette les jours où l'univers n'étoit pas encore défert pour moi ; toute ma raifon fuffit à peine pour écarter ces idées ; quand elles viennent m'affaillir, l'édifice de mon bonheur eft ébranlé ; je frémis de ma folitude ; je regarde autour de moi avec douleur : mes livres, mes pinceaux, mes jardins, rien ne me plaît : mais je me refugie dans mon hameau ; les larmes de joie que je fais couler arrêtent les miennes ; en faifant des heureux,

je cherche à l'être , & je parviens
à me remettre dans un état tranquille. C'eſt trop vous occuper
de moi, pourſuivit-il en ſouriant;
Allons chercher dans cette vallée
fraîche , au bord de cette ſource
ombragée , un dîner frugal qui
nous attend. Souvenez-vous que
vous êtes ici parmi des bergers ,
& qu'il n'y faut point eſpérer le
luxe de vos villes. Nous arrivâmes
par des ſentiers bordés de chevre-
feuille au pied de la colline , &
nous trouvâmes, près d'une fontaine auſſi claire que le criſtal ,
un dîner charmant préparé ſur
l'herbe. Quoique la chaleur fût
extrême , & que nous fuſſions
dans le moment le plus ardent
du jour , nous goûtions ſur ce

rivage nne fraîcheur délicieufe :
on eût dit que tous les zéphirs
du canton s'étoient refugiés fous
les ombres qui nous couvroient.
Les poires, les grenades, les pru-
nes pendoient de tous côtés aux
arbres & fembloient nous inviter
à les cueillir ; un lait nouvelle-
ment exprimé écumoit encore
dans des vafes de terre élégam-
ment tournés ; des mets fimples
& choifis étoient parfumés par
des corbeilles de fleurs qui cou-
ronnoient ce banquet ruftique.
Cette petite fociété qui réunif-
foit ce que j'avois de plus cher,
cet air champêtre, ce lieu, ce
repas, ces ombres, cette fraîcheur, tout me charmoit ; une
fatisfaction pure couloit dans mes

veines. Faldoni enchanté difoit au Curé : dreffons ici des cabanes, & oublions l'univers : vous ferez le grand Druide Adamas, & vous nous gouvernerez : il fe leva, & grava nos noms fur les arbres voifins. Le Curé s'écria dans fon raviffement : que les hommes font infenfés d'aller chercher loin d'eux un bonheur qu'ils ont fous leurs mains ! Que ne viennent-ils dans ces campagnes quand ils font offufqués par les paffions des villes ? Ici, les animaux fauvages, les habitans de l'air, le plus humble vermiffeau, tout eft libre & content. O nature ! tu nous appelles à toi : tu nous offres partout des abris contre le befoin : voilà des plaines, des bofquets,

des vergers couverts de fruits,
des ruiſſeaux limpides, une terre
féconde, un beau ciel ; & nous
devançons l'aurore pour aſſiéger
l'antichambre des grands ! nous
allons vendre nos jours à d'orgueilleux protecteurs ! nous allons
demander des fers pour de l'or,
quand ce coin de terre, du pain
& la liberté nous ſuffiſent ! Ah !
que vos cités ſont triſtes ! qu'on
y jouit peu de ſon exiſtence !
Quel ſéjour pour une ame fiere,
indépendante & pleine de ſon
énergie ! Que le faſte & la grandeur fatiguent les yeux d'un ſage !
Où eſt la deſtination de la nature ?
où eſt l'égalité des êtres ? Tout
eſt confondu dans la ſociété :
l'homme a bâti des degrés pour

l'orgueil, & après avoir forgé la
ftatue de Jupiter , il s'eft prof-
terné devant elle. Ici du moins ,
je ne m'incline que devant le Roi
de l'univers : fi je lui porte mes
vœux, il m'écoute , & je n'ai
point de rebuts à craindre. Lorf-
que dans un beau jour de Printemps , affis au pied d'un arbre
avec Plutarque ou Fénelon , je
vois toute la nature briller autour
de moi ; quand j'entends la mufique harmonieufe des bois ; quand
l'efprit des fleurs porté par un
vent frais éveille mon odorat ;
alors dans l'ivreffe de mes fens ,
j'éleve jufqu'à Dieu mes actions
de graces ; je le bénis de ce qu'il
m'a tiré du néant, de ce qu'il m'a
donné des fens pour jouir des

beautés de la nature, de ce qu'il a rassemblé sous mes yeux les vrais biens de la vie & les spectacles charmans de sa création.

Cet entretien fut interrompu par le bruit des flageolets & des cornemuses que nous entendîmes autour de nous. Une troupe villageoise vêtue proprement & avec goût parut : on se mit à danser ; on se confondit avec elle ; le soir nous surprit au milieu de ces jeux que nous prolongeâmes encore à la clarté de la lune. Il fallut enfin partir : je vis ce moment à regret : il sembloit que j'avois joui du dernier beau jour de ma vie. Je tournois mes regards vers cette belle contrée comme pour lui dire adieu.

Hélas ! qui fait fi je la reverrai
jamais ! Tout change ; tout fe
fuccede, & les plaifirs de la veille
ne reviennent plus le lendemain.

LETTRE XLIV.

FALDONI à THÉRESE.

O Thérese ! la délicieuse promenade que nous fîmes hier ! je
me croyois transporté auprès de
vous dans les campagnes de la
Theffalie, au milieu des nymphes
& des bergeres. Quelle charmante habitation ! quelle heureufe contrée ! Ah ! quittons le
monde ! Abandonnons les villes
& leur trifte peuple ! allons jouir
de la nature ; allons vivre avec
ces bonnes gens qui goûtent fi
bien le bonheur ! Une folitude
fleurie, une maifon fimple & fans
fafte, un jardin, des bofquets cou-

pés par des eaux vives, voilà nos
richeſſes. Si nous pouvons y joindre quelques arpens de vigne ex-
poſés ſur une côte favorable ; un
champ de bled que nous verrons
ondoyer au gré des vents, un
petit étang qui nous offrira le di-
vertiſſement de la pêche, & une
baſſe - cour bien peuplée, que
manquera-t-il à nos vœux ? Des
voluptés champêtres & variées
rempliront nos jours, & chaque
nouvelle aurore amenera de nouveaux plaiſirs. Nous entaſſerons
ainſi les années, & nous vieilli-
rons ſans nous en appercevoir. Je
ferai moi - même le premier cul-
tivateur de mon jardin : vous me
verrez, aimable amie, courbé ſur
la herſe & baigné de ſueurs, ſol-

liciter la nature de nourrir ma famille, & vous serez touchée de mes efforts. Nos enfans s'instruiront par mon exemple à fuir l'oisiveté ; ils sauront que l'homme est né pour le travail, & qu'il doit payer à la terre le prix de ses bienfaits ; ils apprendront à respecter l'état du laboureur, & jugeront qu'il vaut mieux cultiver son jardin que d'aller corrompre ses mœurs à la ville. Nous rassemblerons autour de nous d'honnêtes villageois, & nous ne ferons tous qu'une même famille. Nos repas seront animés par la joie franche & par la liberté : l'agriculteur viendra s'y délasser de son travail ; notre fermier, sa femme, ses enfans, le Curé du hameau, quelque vieux militaire retiré du service & que nous aurons déterré dans ce coin de campagne, formeront le cercle de nos convives : à table, on ne parlera point des vices ou des ridicules des absents : mais l'un dira quelle est la meilleure façon d'ensemencer les terres, quels sont les remedes les plus sûrs contre les maladies des troupeaux ; l'autre citera quelques traits de bienfaisance, ou fera le tableau de sa félicité domestique. O mon amie ! nous dirons quelle route conduit à la sagesse ; ce qui fait la tranquillité de l'ame & sa parfaite jouissance ; comment on peut s'élever au-dessus des calamités humaines, & conserver dans les

maux de la vie une humeur toujours égale, & comment la modération des defirs fait trouver
l'opulence dans une humble fortune. Félicité célefte! paix inal-
térable ! délices ignorées des
hommes corrompus ! venez eni-
vrer nos cœurs ! eh ! que nous
faudra-t-il encore avec le repos
de l'efprit, la poffeffion des vrais
biens de la nature, la jeuneffe &
la fanté? Je ne fais, ma chere
Thérefe, fi vous éprouvez comme
moi tout le charme d'un état fi
doux? mais la feule peinture d'une
vie champêtre me ravit & m'en-
flamme : la vue d'une belle campagne fait fur moi l'impreffion la
plus vive : je ne vois jamais un
pré fleuri, un bois touffu, un

vallon couvert d'ombre & de
verdure, sans ouvrir mon ame à
des voluptés inexprimables; c'est
un calme intérieur, un tranquille
abandon, une molle indolence
que je ne puis vous peindre. Dans
cet air pur & balsamique chargé
de l'esprit des fleurs & de l'odeur
végétale de toutes les plantes, je
respire avec liberté; je sens se
dilater mes organes & mon sang
couler avec aisance : mes pensées sont plus faciles, mon esprit
plus léger, mon cœur plus paisible : j'oublie les hommes, leurs
passions, leurs intrigues, les maux
qu'ils m'ont faits, leur misérable
orgueil, & leurs préjugés bar-
bares : des hauteurs où je suis
placé, je m'éleve jusqu'à la divi-

nité; je converse avec elle; je lui parle de mes plaisirs , & je n'ai pas besoin que les hommes se rendent médiateurs entre elle & moi. Souvent j'interroge ma raison; je descends au fond de mon cœur; j'y dresse un tribunal où je juge mes foiblesses; là, je me condamne ou m'absous : je médite sur le bien qui me reste à faire, & je ne sors jamais de ces douces rêveries sans avoir la volonté de devenir meilleur. Dans une nuit tranquille embellie par les rayons de la lune, il m'arrive quelquefois de songer aux contrées qu'elle éclaire & que j'ai parcourues : je traverse les mers; je les vois argentées par cet astre & telles que je les admirois dans

ces

ces nuits brillantes où je voguois
fur l'océan, à la faveur de fa lumiere : je me retrouve dans les
Antilles, au milieu des perfonnes
que j'ai connues : toutes ces images portent dans mon ame une
foule de penfées attendriffantes ;
il femble qu'avec ces fouvenirs
je recouvre les plaifirs de mon
premier âge. Souvent auffi dans
mes promenades folitaires , je
forme des projets pour le bonheur de mes amis & pour le mien.
Que d'heures charmantes j'ai déjà
paffées dans ces aimables chi-
méres ! je jouiffois en idée des
biens que mon imagination créoit ;
je voyois s'élever autour de moi
des tableaux enchantés ; & vous ,
ma chere Thérefe , je vous par-

lois ; j'étois à vos côtés ; je vous conduisois dans une humble cabane qui se couvroit de votre éclat, & qui me paroissoit plus belle que la demeure des rois : là, je vous suivois dans le détail de vos soins domestiques : je vous voyois sensible & bienfaisante appeller auprès de vous l'infortuné qui retournoit content, soulager de pauvres familles, heureuses d'être connues de vous & d'attirer vos regards. Avec quel transport je contemplois vos vertus modestes ! oh ! quand verrai-je s'accomplir le vœu de mon cœur ! Le temps fuit ; les heures s'échapent, & je me consume dans l'attente ! & votre jeunesse elle-même va s'éteindre & se flétrir,

comme une rofe frappée par le
midi ! O ! ma Thérefe ! faut-il
long-temps encore brûler, efpérer, languir, & me défefpérer ?
faut-il voir les jours du bonheur
s'écouler fans l'avoir goûté ? Si
nous devions être immortels, je
dirois à mon ame ; attends & tu
feras heureufe : mais chaque inftant emporte une portion de ma
durée, & je la vois périr fans fruit
& fans retour. Ne nous abufons
pas, aimable amie ! il eft des plaifirs pour tout âge : mais cette
féve active qui augmente & nourrit en nous l'exiftence , cette
flamme élémentaire qui fe précipite avec impétuofité dans nos
veines, & qui donne à l'amour
fon énergie, aux fens leur ivreffe

& leur chaleur, ces tréfors font perdus quand la fleur de la vie eft fannée. Les defirs s'émouffent : la maturité des ans, en nous apportant des jours plus tranquilles, nous enleve l'enchantement de nos amours. Que faifons-nous fur la terre, dans la trifte incertitude où nous flottons ? Quoi ! notre félicité dépendra des volontés arbitraires d'un homme, quand la fuprême juftice nous forma l'un pour l'autre, & nous rapproche avec une force invincible ! Quoi ! l'arrêt d'un defpote changera nos deftinées, & nous arrachera peut-être aux difpofitions de cette nature éternelle, pour nous jetter dans un abîme de fouffrance ! Quelle eft donc la loi gravée

fur l'airain qui nous force à plier
la tête fous un joug auffi cruel ?
N'entendez-vous pas cette voix
intérieure qui vous crie : fois
heureufe ; faifis rapidement l'é-
clair du plaifir qui ne fait que fe
montrer ; demain, ce foir, dans
une heure, il aura peut-être fui
pour jamais ? Oh ! je vous en conjure par l'amour ! n'attendons pas
les funeftes chances de l'avenir ;
ne rifquons pas le fort de notre
vie, en nous berçant des chimeres
de l'efpérance. O vous que j'ai
ofé nommer un inftant mon
époufe ! vous qui m'êtes plus
chere que moi-même ! Mon amie !
ma compagne ! charme & délice
de mon cœur ! cédez à ma priere,
& puifqu'une tendre mere con-

fent à mon bonheur , daignez le fixer : daignez vous donner à moi pour jamais ! laiffez - vous conduire aux autels ! Ah ! venez, ma chere Thérefe ! venez y recevoir le ferment que je fais de vous adorer jufqu'au dernier foupir de ma vie ! Mon cœur eft plein ; il ne peut fuffire à l'abondance de fon amour ; il languit ; il feche ; il fe confume : une affreufe trifteffe m'environne ; par-tout où je ne vous vois pas, le monde me paroit défert ; c'eft un deuil univerfel ; c'eft un nuage qui couvre à mes yeux tous les objets. Je ne peux plus vivre fans vous ; ma flamme s'augmente avec l'impatience de vous poffeder, & jufqu'à ce jour, mille fantômes créés

par mon efprit malade , affiégent
mon chevet , empoifonnent mes
veilles & me fuivent même au
retour de la lumiere. Ce n'eft
qu'auprès de vous que je retrouve
le calme & la férénité. Vous
diffipez toutes ces vapeurs funè-
bres , comme l'éclat d'un beau
matin diffipe les ombres : un mot
de votre bouche , un feul de vos
regards me raffure & m'encou-
rage. Ah ! laiffez votre opulence
& venez feule avec vos graces !
Quel tréfor peut les valoir ? Notre
afyle eft prêt ; la nature a pris foin
de l'orner , & le plaifir l'embel-
lira : mon humble fortune fuffira
pour nos befoins. Qu'aurions-
nous à fouhaiter encore ? Le goût
du fuperflu ne produit que de

ſuperbes indigens, & le vrai pauvre eſt celui qui ne ſait pas ſe
borner.

LETTRE XLV.

THÉRESE à FALDONI.

COMME les heures du plaisir s'écoulent ! J'avois passé une journée charmante ; & lorsque vous m'avez quittée, il m'a paru que toute la nature m'abandonnoit ! Hélas ! comment soutenir l'idée de cette séparation que vous semblez prévoir ? Vous, mon bienaimé, vous que rien ne remplacera jamais dans mon cœur ! pourquoi me contrister de vos plaintes ? pourquoi ne pas jouir des momens heureux que la fortune nous accorde ? Laissons les sollicitudes de l'avenir, & ne nous faisons pas un tourment de ce qui peut n'arriver jamais. Votre mélancolie m'afflige : vous n'avez pas un sentiment que je n'éprouve. Je voudrois vous voir content, & si votre félicité pouvoit être mon ouvrage, je sacrifierois la mienne à ce prix. Que ne puis-je dans ces belles campagnes, auprès de ce sage vieillard & de ces bons villageois, oublier avec vous l'univers, & riche de la possession de votre cœur, laisser au reste du monde l'intérêt & l'ambition qui le gouvernent ! Que me feroient alors toutes les fortunes de la terre ? Une cabane & vous, mon cher Faldoni ! voilà tout ce que j'ambitionne. N'êtes-vous pas ma richesse, & manquerois-je d'être

heureufe dans l'afyle étroit où
le fort nous confineroit enfemble ? Oui, mon ami ! que le ciel
m'uniffe à vous, & je me foumets
à toutes fes rigueurs. Avec vous
je fupporterai la mifere, l'infortune, l'abandon, la mort même :
avec vous, un défert me plaira
mieux que le palais le plus fuperbe. Vous m'y verrez dépouil-
lant un luxe frivole, & quittant
pour la bure les vains ornemens
de mon fexe, exercer mes mains
au travail, partager vos fatigues,
& me confoler de mes peines
par l'efpoir de foulager les vôtres.
Vous me demandez fi j'ai comme
vous le goût des plaifirs ruftiques.
Ah ! fans doute ils me font chers !
ils ne laiffent après eux ni regret

ni repentir, & ce font les feuls
qui nous conviennent. Dans les
villes, a-t-on le temps de s'aimer,
au milieu du tourbillon des affaires & du mouvement des fociétés?
C'eft dans les champs que deux
cœurs unis peuvent s'entendre &
fe répondre : environnés des objets raviffans de la nature, ils font
portés d'eux-mêmes à s'épancher:
leur fenfibilité devient plus vive,
& moins diftraite. A l'afpect d'un
beau payfage , il femble qu'on
ait befoin d'exprimer le charme
qu'on éprouve : c'eft-là que le
bonheur aime à fe communiquer.
On diroit qu'auprès d'un ami la
campagne eft plus riante, l'air
plus pur, le jour plus doux ;
l'enchantement de fa vue embellit

tout ce qui l'entoure. Oui, je
me fais d'avance une félicité de
la vie que nous menerons : une
feule chofe manque au fuccès de
nos defirs ; c'eft l'aveu de mon
pere : mais Dieu qui difpofe du
cœur des hommes ne peut-il pas
changer le fien ? & fi notre union
eft arrêtée dans les décrets de
cette augufte Providence , tous
les efforts humains parviendront-
ils à l'empêcher ? Croyez - moi ,
Faldoni ! nous devons tout efpérer
de l'immortelle juftice qui diftri-
bue les biens & les maux, qui
châtie & récompenfe , & qui garde aux vertus un prix quelquefois
tardif, mais toujours affuré. Vous
craignez que le temps n'affoibliffe
mon amour, & qu'il ne laiffe dans

mon cœur les ruines qu'il laiſſera
ſur mon viſage ! Hélas ! que vos
craintes ſont injuſtes ! Eſt-ce moi
dont vous redoutez l'inconſtance,
moi qui vous aimois avant de vous
avoir vu , moi que votre nom
ſeul intéreſſoit , & qui n'entendois
point parler de vous ſans rougir?
O Faldoni ! combien vous m'é-
tiez cher , dans le temps même
où j'ignorois vos ſentimens! Que
n'ai-je point ſouffert pour me contraindre , avant que ma mere ap-
prouvât mon penchant ! que de
combats à ſoutenir avec moi-
même ! Je n'y réſiſtois plus ; ma
ſanté s'épuiſoit ; vous oſâtes m'é-
crire ; j'eus l'imprudence de vous
répondre ; mon cœur ſe ſoulagea,
mais aux dépens de mon devoir ;

je me trouvai plus libre après
avoir dépofé mon fecret dans votre fein : mais je connus les remords, & fi quelque chofe adou-
cit en moi le fentiment de ma
faute, ce fut l'idée de vos vertus.
J'exigeai des facrifices ; votre
obéiffance, en me prouvant votre
amour, mit le comble au mien :
vingt fois je fus tentée de vous
rappeller de cet exil où la frayeur
de vous fentir auprès de moi
m'avoit forcée de vous reléguer :
j'étois au point de fouhaiter de
vous revoir, quand vous accou-
rûtes de votre folitude. Le danger d'un pere vous rappelloit en
Italie ; vous vintes faire vos adieux :
quels adieux ! quelle fcene ! le
fouvenir ne s'en effacera jamais

de mon esprit. Ma mere que mes aveux auroient dû révolter, en fut attendrie ; prévenue par son Pasteur, elle s'intéressa pour nous, & c'étoit ce moment que vous alliez choisir pour me quitter ! Je ne pus d'abord me défendre contre vous d'un mouvement de dépit : mais que je fus prompte à vous justifier ! Comment refuser toute mon estime à ce noble effort de la piété filiale ? Plus il m'avoit touchée, plus je sentis le poids de votre absence : ma langueur s'en accrut ; je tombai dans une consomption mortelle, & j'allois périr, lorsqu'enfin vous avez reparu. Dirai-je que votre présence m'a rendu la vie ? dirai-je que l'espoir de vous être unie

a fait paſſer dans mes ſens preſque
éteints l'amour de l'exiſtence ? O
que le plaiſir de pouvoir vous
aimer ſans trouble & ſans myſtere avoit de charme pour moi!
que j'étois orgueilleuſe de ma
tendreſſe ! Comme tout prenoit
à mes yeux une forme enchantée!
comme la nature me paroiſſoit
belle ! Rien ne m'étoit indifférent ; la ſurabondance de mes
ſentimens ſembloit s'étendre ſur
tous les objets : je n'ai jamais été
plus heureuſe , & je conſentirois
volontiers à paſſer ainſi toute ma
vie. Réfléchiſſez-y bien , Faldoni,
& vous conviendrez que vos plaintes ſont déraiſonnables. Que manque - t - il à notre félicité ? Tout
nous favoriſe ; notre amour oſe

éclater fous les yeux de ma mere ;
elle accorde à nos vœux l'honnête
liberté que nous pouvons defirer ;
nous nous voyons pendant des
jours entiers ; vous arrivez ici le
matin, & vous n'en fortez que le
foir ; mille amufemens variés rem-
pliffent nos heures & les abrégent.
Rappellez - vous ce concert où
nous chantions enfemble cet air
fi fimple & fi touchant ! nos larmes couloient aux accens de la
tendreffe, & nous fûmes obligés
de nous interrompre. Tout ce
que la plus douce intelligence a
de volupté , nous l'éprouvons.
Nos yeux ne fe baiffent plus quand
ils fe rencontrent : nous pouvons
y lire fans réferve notre félicité
mutuelle. A peine ai-je le temps

de remplir mes devoirs près de mon adorable mere. Tyran que vous êtes ! homme avide & infatiable ! c'eſt vous qui uſurpez tous mes inſtans. Je ne fais pas un mouvement, je ne dis pas un mot dont vous ne ſoyez l'objet. Autrefois je ne laiſſois échapper aucune ſemaine ſans écrire à ma couſine ; mais je l'ai négligée ; je l'oublie ; j'oublie tout pour vous ; je ne ſonge qu'à vous ; je ne vois que vous dans l'univers : quand je veux penſer, je conſulte vos regards ; j'y cherche, hélas ! ce que je dois dire ou faire. Citez-moi quelqu'un dont l'amour ſoit plus tendre que le mien, & je ſuis prête à l'imiter. Non, Faldoni, on n'aime pas comme moi ; on

ne fent pas les tourmens qui me
faififfent, quand je paffe une heure
fans vous voir : non, je ne crois
pas qu'on puiffe vous defirer avec
plus d'ardeur, vous attendre avec
plus d'impatience, vous revoir
avec plus de tranfport ! O mon
bien-aimé ! vous dont le feul fourire me comble de joie ! dites,
s'il eft poffible d'être plus amante!
& vous n'êtes pas fatisfait ! vous
vous plaignez encore ! Vous me
propofez de m'unir à vous fans
l'aveu de mon pere ! O ! fi j'avois
la folie d'y confentir, doutez-vous
qu'il ne vînt m'arracher de vos
bras & peut-être vous accabler
du poids de fa vengeance ? Ma
mere elle-même voudroit-elle fe
prêter à votre impatience ? Il ne

faut pas vous en flatter : cette bonne maman est trop jalouse de mon bonheur pour oser me permettre une démarche imprudente & prématurée. Je vous préviens qu'elle est ma confidente, que je lui ai communiqué votre lettre & la mienne, & que c'est sous sa dictée que j'écris cet article. Elle attend, d'un jour à l'autre, Madame d'Armiane qui a beaucoup de crédit sur l'esprit de mon pere, & qu'elle sollicitera de nous appuyer de tout son pouvoir. Voilà, mon aimable ami, la position où nous sommes : je n'y vois rien de fâcheux. Cessez donc de vous livrer à une tristesse qui m'afflige. Au nom de Dieu ! cachez-moi vos peines, & laissez-moi croire au moins que je suis la seule qui souffre ! Il est possible que nos projets de félicité s'écroulent : mais ne sera-t-il pas temps de gémir, si ce malheur vient, & faut-il que la peur du mal emproisonne le bien dont nous jouissons ? Vous allez perdre un ami pour quelques mois : M. le Curé est forcé de nous quitter pour aller régler avec son successeur les affaires de son ancienne paroisse : mais vous aurez la société de ma chere Constance ; cette bonne cousine arrive avec sa mere, & vient passer l'automne aux Ormes : c'est une promesse qu'elle acquitte. O Faldoni ! ne troublez point ma joie par vos murmures ! partagez plutôt le bonheur que j'aurai de la posséder. C'est un autre moi-même : elle vous dispute mon cœur, & l'amour ne peut avoir des sentimens plus vifs que notre amitié. Que de choses nous aurons à nous dire après six mois d'absence ! Hélas ! quand je l'ai quittée, qui m'auroit prédit alors que vous feriez l'arbitre de ma destinée, vous qu'à peine j'avois apperçu ? Mais il étoit écrit que vous alliez porter dans mon foible cœur les orages des passions. Cette tendre amie ! elle pressentoit ce qui m'arrive. Aimez-là, Faldoni, aimez-là de toute votre ame ! vous lui devez plus que vous n'imaginez. C'est elle qui par ses consolations célestes, adoucissoit en moi la frayeur d'un fentiment nouveau : c'eft elle qui la premiere avoit prononcé votre éloge, avant que mes yeux euffent reçu le fatal bandeau, avant même que vous me fuffiez connu : mais je ne lui en veux point de toutes les peines dont elle eft la caufe innocente, & qu'elle n'auroit pu m'épargner, puifque mon fort étoit de vous aimer.

Fin du premier Tome.